파이널 패스

핵심이론과 함께하는

100선

박문각 공인중개사

신정환 공인중개사법·중개실무

테마 1. 용어의 정의(1-2문제)

1. 중 개

중개라 함은 법 제3조의 규정에 의한 중개대상물에 대하여 거래당사자 간의 매매 · 교환 · 임대차, 그 밖의 권리의 득실 · 변경에 관한 행위를 알선하는 것을 말한다 (법 제2조 제1호).

① **중개대상물**

② **거래당사자 간에 매매, 교환, 임대차, 그 밖의 권리의 득실 · 변경**

　　㉠ 물권행위 : 소유권

　　　　　　　　용익물권－지상권, 지역권, 전세권

　　　　　　　　담보물권－저당권, 가등기담보권, 환매권 등

　　㉡ 채권행위 : 일신전속적이 아닌 부동산임차권 등

③ **알선하는 것**

　　▶ 법인의 업무범위(법 제14조)는 중개에는 해당되지 않는다(중개업은 제외).

+ 관련판례

⑴ '그 밖의 권리'의 개념

⑵ 거래의 쌍방 당사자뿐만 아니라 일방 당사자의 의뢰

⑶ 유치권, 법정지상권

⑷ 중개행위는 객관적으로 판단

2. 중개업

"중개업"이라 함은 다른 사람의 의뢰에 의하여 일정한 보수를 받고 중개를 업으로 행하는 것을 말한다(법 제2조 제3호).

⑴ **다른 사람의 의뢰 :** 중개계약

⑵ **일정한 보수를 받고**

　　──**판례**──

단지 보수를 받을 것을 **약속**하거나 **요구**하는 것만으로는 보수를 받은 것이 아니다.

⑶ **중 개**

　　──**판례**──

다른 사람의 의뢰에 의하여 일정한 보수를 받고 저당권의 설정에 관한 행위의 알선을 업으로 하는 경우에는 같은 법 제2조 제2호가 정의하는 중개업에 해당한다 (대판 1996. 9. 24, 96도1641).

⑷ **업**: 불특정다수인, 계속적·반복적, 영리목적

───**판례**───

우연한 기회에 단 1회 건물 전세계약의 중개를 하고 보수를 받은 사실만으로는 알선·중개를 업으로 한 것이라고 볼 수 없다(대판 1988.8.9. 88도998).

3. "공인중개사"라 함은 이 법에 의한 **공인중개사자격**을 취득한 자를 말한다.

공인중개사	공인중개사인 개업공인중개사	소속 공인중개사
자격보유자	자격보유+등록	자격보유+중개업무 수행·보조

4. "개업공인중개사"라 함은 이 법에 의하여 **중개사무소의 개설등록**을 한 자를 말한다.

⑴ **법인인 개업공인중개사**: 법인을 설립하고 중개사무소 개설등록을 한 자

⑵ **공인중개사인 개업공인중개사**: 공인중개사자격을 가지고 중개사무소 개설등록을 한 자

⑶ **중개인**(부칙 제6조 제2항의 개업공인중개사)

5. "소속공인중개사"라 함은 개업공인중개사에 소속된 공인중개사(**개업공인중개사 인 법인의 사원 또는 임원으로서 공인중개사인 자를 포함한다**)로서 중개업무를 **수행**하거나 개업공인중개사의 중개업무를 **보조**하는 자를 말한다.

6. "중개보조원"이라 함은 **공인중개사가 아닌 자로서 개업공인중개사에 소속되어** 중개대상물에 대한 현장안내 및 일반서무 등 개업공인중개사의 중개업무와 관련 된 단순한 업무를 **보조**하는 자를 말한다.

▌문제

기출1. 공인중개사법령상 용어에 관한 설명으로 옳은 것은?

① 중개대상물을 거래당사자 간에 교환하는 행위는 '중개'에 해당한다.

② 다른 사람의 의뢰에 의하여 중개를 하는 경우는 그에 대한 보수를 받지 않더라도 '중개업'에 해당한다.

③ 개업공인중개사인 법인의 임원으로서 공인중개사인 자가 중개업무를 수행하는 경우에는 '개업공인중개사'에 해당한다.

④ 공인중개사가 개업공인중개사에 소속되어 개업공인중개사의 중개업무와 관련된 단순한 업무를 보조하는 경우에는 '중개보조원'에 해당한다.

⑤ 공인중개사자격을 취득한 자는 중개사무소의 개설등록 여부와 관계없이 '공인중개사'에 해당한다.

---

01 공인중개사법령상 "중개행위"와 "중개업"에 관한 설명 중 틀린 것은?

① 중개행위는 당사자 사이에 매매 등 법률행위가 용이하게 성립할 수 있도록 조력하고 주선하는 사실행위에 해당된다.

② 개업공인중개사의 행위가 손해배상책임을 발생시킬 수 있는 "중개행위"에 해당하는지는 객관적으로 보아 사회통념상 거래의 알선·중개를 위한 행위라고 인정되는지에 따라 판단해야 한다.

③ '중개행위'는 거래의 일방 당사자로부터 의뢰를 받아 매매 등 거래행위를 알선·중개하는 경우도 포함된다.

④ 부동산 컨설팅에 부수하여 반복적으로 이루어진 부동산 중개행위는 중개업에 해당하지 않는다.

⑤ 중개대상물의 거래당사자들로부터 보수를 현실적으로 받지 아니하고 단지 보수를 받을 것을 약속하거나 거래당사자들에게 보수를 요구하는 데 그친 경우에는 중개업에 해당되지 않는다.

02 다음 중 용어의 정의에 관한 내용 중 옳은 것은?

① 다른 사람의 의뢰에 의하여 일정한 보수를 받고 부동산에 대한 저당권설정 행위의 알선을 업으로 하는 경우, 그 행위의 알선이 금전소비대차의 알선에 부수하여 이루어졌더라도 중개업에 해당한다.

② 판례에 의하면 우연한 기회에 단 1회 건물전세계약의 중개를 하고 보수를 받은 사실만으로도 알선·중개를 업으로 한 것이라 볼 수 있다.

③ "중개업"은 다른 사람의 의뢰에 의하여 보수의 유무와 관계없이 중개를 업으로 행하는 것을 말한다.

④ 중개사무소의 개설등록을 하지 않은 자가 일정한 보수를 받고 중개를 업으로 행한 경우, 중개업에 해당하지 않는다.

⑤ 외국의 법에 따라 공인중개사 자격을 취득한 자도 공인중개사법에서 정의하는 "공인중개사"로 본다.

03 다음 중 용어의 공인중개사법령의 내용으로 옳은 것은?

① 법정지상권이나 유치권을 양도하는 행위를 알선하는 것도 중개에 해당한다.

② 공인중개사는 공인중개사자격을 취득하고 중개업을 영위하는 자를 말한다.

③ 개업공인중개사라 함은 공인중개사자격을 가지고 중개를 업으로 하는 자를 말한다.

④ 개업공인중개사란 다른 사람의 의뢰에 의하여 일정한 보수를 받고 중개를 업으로 하는 자를 말한다.

⑤ 법인인 개업공인중개사의 소속공인중개사는 그 개업공인중개사의 중개업무를 보조만 할 수 있다.

04 다음 중 공인중개사법령에서 사용하는 용어에 대한 기술 중 옳은 것은?

① "소속공인중개사"는 개업공인중개사인 법인의 사원 또는 임원으로서 중개업무를 수행하는 공인중개사인 자만을 말한다.

② 공인중개사로서 개업공인중개사에 고용되어 그의 중개업무를 보조하는 자도 "소속공인중개사"이다.

③ "중개보조원"은 개업공인중개사에 소속된 공인중개사로서 개업공인중개사의 중개업무를 보조하는 자를 말한다.

④ "중개보조원"이란 공인중개사가 아닌 자로서 개업공인중개사에 소속되어 중개대상물에 대한 현장안내와 중개대상물의 확인·설명의무를 부담하는 자를 말한다.

⑤ "중개보조원"이란 개업공인중개사에 소속되어 중개업무를 수행하는 자를 말한다.

테마 2. 공인중개사 정책심의위원회(0.5문제)

▌공인중개사 정책심의위원회와 공제사업의 운영위원회

	공인중개사 정책심의위원회	공제사업의 운영위원회
설 치	국토교통부에 둘 수 있다 - 임의기관	협회에 둔다 - 필수기관
업무 내용	① 공인중개사 시험 등 공인중개사자격 　취득에 관한 사항 ② 부동산중개업의 육성에 관한 사항 ③ 중개보수 변경에 관한 사항 ④ 손해배상책임의 보장 등에 관한 사항	공제사업에 관한 사항을 심의하고 업무 집행 감독
구 성	위원장 1명을 포함하여 7명 이상 11명 이내	19명 이내의 위원
위원장	국토교통부 제1차관	위원장과 **부위원장**은 위원중에서 호선
위 원	국토교통부장관이 임명·위촉	소속공무원, 협회 회장 등과 똑똑한 사 람
위원의 임기	공무원을 제외하고 2년, **연임가능** 새로 위촉된 위원의 임기는 전임위원임 기의 남은 기간	2년으로 하고 **1회에 한하여 연임가능**, 보궐위원임기는 전임자 임기의 남은 기 간
회 의	과반수 출석으로 개의하고 출석 과반수 찬성으로 의결	과반수 출석으로 개의하고 출석 과반수 찬성으로 의결
간 사	위원장이 소속 공무원 중에서 지명	위원장이 협회 직원 중에서 임명

▌공인중개사 정책심의위원회의 심의·의결사항

1. 공인중개사의 시험 등 공인중개사의 자격취득에 관한 사항
2. 부동산 중개업의 육성에 관한 사항
3. 중개보수 변경에 관한 사항
4. 손해배상책임의 보장 등에 관한 사항
5. 심의위원회 위원이 기피신청을 한 경우에 이를 받아들인 것인지의 여부
6. 국토교통부 장관이 직접 시험문제를 출제하거나 시험을 시행하려는 경우
7. 부득이한 사정으로 당해 연도의 시험을 시행하지 않을 것인지에 대한 의결
8. 시험시행기관장이 공인중개사의 수급상 필요하다고 인정하여 선발예정인원을 미리
　공고 하는 경우

▌문제

기출1. 공인중개사법령상 공인중개사 정책심의위원회(이하 '위원회'라 함)에 관한 설명으로 틀린 것은?

① 위원은 위원장이 임명하거나 위촉한다.

② 심의사항에는 중개보수 변경에 관한 사항이 포함된다.

③ 위원회에서 심의한 사항 중 공인중개사의 자격취득에 관한 사항의 경우 시·도지사는 이에 따라야 한다.

④ 위원장 1명을 포함하여 7명 이상 11명 이내의 위원으로 구성한다.

⑤ 위원이 속한 법인이 해당 안건의 당사자의 대리인이었던 경우 그 위원은 위원회의 심의·의결에서 제척된다.

---

01 다음 중 공인중개사 정책심의위원회에 대한 기술 중 옳은 것은?

① 공인중개사의 업무에 관한 사항을 심의하기 위하여 특·광·도에 공인중개사 정책심의위원회를 둘 수 있다.

② 공인중개사 정책심의위원회는 위원장 1명을 제외한 7명 이상 11명 이내의 위원으로 구성한다.

③ 심의위원회 위원장은 국토교통부 장관이 된다.

④ 심의위원회의 위원장이 부득이한 사유로 직무를 수행할 수 없을 때에는 부위원장이 그 직무를 대행한다.

⑤ 국토교통부 4급 이상 또는 이에 상당하는 공무원이나 고위공무원단에 속하는 일반직 공무원을 제외한 위원의 임기는 2년으로 하되, 위원의 사임 등으로 새로 위촉된 위원의 임기는 전임위원 임기의 남은 기간으로 한다.

02 공인중개사 정책심의위원회에 대한 기술 중 옳은 것은 모두 고른 것은?

> ㉠ 공무원을 제외한 위원의 임기는 2년으로 하되, 1회에 한하여 연임할 수 있다.
> ㉡ 공인중개사 정책심의위원회에서 공인중개사시험 등 자격취득에 관한 사항을 정하는 경우에는 시 · 도지사는 이에 따라야 한다.
> ㉢ 심의위원회의 회의는 재적위원 과반수의 출석으로 개의(開議)하고, 출석위원 과반수의 찬성으로 의결한다.
> ㉣ 심의위원회 위원이 해당 안건에 대하여 연구, 용역, 자문 또는 감정을 한 경우 심의위원회의 심의 · 의결에서 제척된다.

① ㉠, ㉡   ② ㉠, ㉢
③ ㉢, ㉣   ④ ㉡, ㉢, ㉣
⑤ ㉠, ㉡, ㉣

03 공인중개사 정책심의위원회에 대한 기술 중 틀린 것은?

① 공인중개사 정책심의위원회에서 중개보수 변경에 관한 사항을 심의한 경우 시 · 도지사는 이에 따라야 한다.
② 해당안건의 당사자는 위원에게 공정한 심의 · 의결을 기대하기 어려운 사정이 있는 경우에는 심의위원회에 기피신청을 할 수 있다.
③ 위원본인이 제척 사유에 해당하는 경우에는 스스로 해당 안건의 심의 · 의결에서 회피하여야 한다.
④ 국토교통부장관이 직접 공인중개사 시험문제를 출제하거나 시험을 시행하려는 경우에는 공인중개사 정책심의위원회의 의결을 거쳐야 한다.
⑤ 시험시행기관장이 공인중개사의 수급상 필요하다고 인정하여 선발예정인원을 미리 공고하고자 하는 경우에는 공인중개사 정책심의위원회의 의결을 거쳐야 한다.

테마 3. 중개대상물(1문제)

	중개대상물이 되는 것		중개대상물이 되지 않는 것
법정중개 대상물 (공인중개 사법 및 시 행령)	• **토지** - 1필의 토지의 일부 ○ • **건축물 그 밖의 토지의 정착물** 　- 미등기건물 ○ 　- 장래의 건물 ○ 　(분양권·분양증서) ○ • **「입목에 관한 법률」에 의한 입목** • **「공장 및 광업재단 저당법」에 　의한 광업재단과 공장재단**	법정중개 대상 물이 아닌 것	• 어업권, 어업재단, 광업권, 항 만운송재단, 자동차, 중기, 선 박, 항공기, 미채굴 광물 등 • **세차장 구조물, 영업권, 입 주권, 대토권**
사법상 거래대상이 될 것	• 공법상 제한 　- 개발제한구역 내의 토지 ○ • 사법상 제한 　- 법정지상권이 설정된 토지 ○ 　- 유치권이 설정된 건물 ○	사법상 거래대상이 될 수 없는 것 (국·공유 재산)	• 행정재산 × • 보존재산 × • 일반재산 ×
중개행위가 개입될 수 있을 것	지상권·지역권·전세권·저당권 등의 알선	중개행위가 개입될 수 없는 것	토지에 대한 법정지상권 설정 × 건물에 대한 유치권 설정 ×

+ 관련판례

(1) 세차장구조물(×)

(2) 장차 건축될 특정의 건물(분양권)(○)

(3) 아파트의 분양예정자로 선정될 수 있는 지위를 가리키는 데에 불과한 입주권(×)

(4) 대토권(×)

(5) 영업용 건물의 영업시설·비품 등 유형물이나 거래처, 신용, 영업상의 노하우 또
　는 점포위치에 따른 영업상의 이점 등 무형의 재산적 가치(영업권)(×)

▍문제

기출1. 공인중개사법령상 중개대상물에 해당하는 것을 모두 고른 것은? (다툼이 있으면 판례에 따름)

> ㉠ 근저당권이 설정되어 있는 피담보채권
> ㉡ 아직 완성되기 전이지만 동·호수가 특정되어 분양계약이 체결된 아파트
> ㉢ 「입목에 관한 법률」에 따른 입목
> ㉣ 점포 위치에 따른 영업상의 이점 등 무형의 재산적 가치

① ㉠, ㉣   ② ㉡, ㉢   ③ ㉡, ㉣
④ ㉠, ㉡, ㉢   ⑤ ㉠, ㉢, ㉣

01 다음 중 중개대상물에 해당되지 않는 것은 모두 몇 개인가?

> ㉠ 소유권보존등기를 한 수목의 집단
> ㉡ 어업재단
> ㉢ 법정지상권이 설정된 토지
> ㉣ 등록된 중기
> ㉤ 아파트 방 1칸
> ㉥ 항공기
> ㉦ 입목등기부에 등록되어 있는 입목

① 1개   ② 2개
③ 3개   ④ 4개
⑤ 5개

02 다음 중 중개대상물에 해당되지 않는 것은?

① 「입목에 관한 법률」의 적용을 받지 않으나 명인방법을 갖춘 수목의 집단
② 「입목에 관한 법률」에 따른 입목
③ 「공장 및 광업재단 저당법」에 따른 공장재단 및 광업재단
④ 공용폐지가 되지 아니 한 행정재산인 토지
⑤ 토지거래 허가구역 내의 토지

03　다음 중 중개대상물에 해당되는 것은?

① 토지에서 채굴되지 않은 광물

② 영업용 건물의 영업시설·비품 등 유형물이나 거래처, 신용, 영업상의 노하우 또는 점포 위치에 따른 영업상의 이점 등 무형의 재산적 가치

③ 피분양자가 선정된 장차 건축될 특정의 건물

④ 콘크리트 지반 위에 볼트로 조립되어 쉽게 분리철거가 가능하고 3면에 천막이나 유리를 설치하여 주벽이라고 할 만한 것이 없는 세차장구조물

⑤ 주택이 철거될 경우 일정한 요건하에서 택지개발지구 내 이주자택지를 공급받을 수 있는 지위인 대토권

04　다음 중 중개대상물에 해당되지 않는 것은?

① 아파트에 대한 추첨기일에 신청을 하여 당첨이 되면 아파트의 분양예정자로 선정될 수 있는 지위를 가리키는 입주권

② 토지의 정착물인 미등기 건축물

③ 유치권이 행사되고 있는 건물

④ 가압류된 토지

⑤ 그린벨트지역 내 토지

테마 4. 공인중개사제도(1문제)

▌문제

> **기출1. 공인중개사법령상 공인중개사 자격시험 등에 관한 설명으로 옳은 것은?**
> ① 시·도지사가 시험을 시행하려는 경우에는 미리 공인중개사 정책심의위원회의 의결을 거치지 않아도 된다.
> ② 공인중개사자격증의 재교부를 신청하는 자는 재교부신청서를 국토교통부장관에게 제출해야 한다.
> ③ 국토교통부장관은 공인중개사시험의 합격자에게 공인중개사자격증을 교부해야 한다.
> ④ 시험시행기관장은 시험에서 부정한 행위를 한 응시자에 대하여는 그 시험을 무효로 하고, 시험시행일부터 5년간 시험응시자격을 정지한다.
> ⑤ 시험시행기관장은 시험을 시행하고자 하는 때에는 시험시행에 관한 개략적인 사항을 전년도 12월 31일까지 관보 및 일간신문에 공고해야 한다.

01 **공인중개사 시험의 응시자격 등에 관한 기술 중 틀린 것은?**

① 공인중개사의 자격이 취소된 후 3년이 경과되지 아니한 자는 공인중개사가 될 수 없다.
② 미국 국적을 가진 자는 공인중개사 시험에 응시할 수 없다.
③ 국토교통부장관이 직접 공인중개사자격시험의 시험문제를 출제하거나 시험을 시행하고자 하는 때에는 공인중개사 정책심의위원회의 의결을 미리 거쳐야 한다.
④ 미성년자는 공인중개사법에 의하여 공인중개사자격을 취득할 수 있다.
⑤ 시험시행기관장은 시험을 시행하기 어려운 부득이한 사정이 있는 경우에는 공인중개사 정책심의위원회의 의결을 거쳐 당해연도의 시험을 시행하지 않을 수 있다.

02 공인중개사 시험제도에 관한 기술 중 틀린 것은?

① 시험시행기관장은 시험에서 부정한 행위를 한 응시자에 대하여는 그 시험을 무효로 하고, 그 처분이 있은 날부터 5년간 시험응시자격을 정지한다.

② 시험의 시행에 관하여 필요한 사항은 시험시행일 90일 전까지 관보 및 일간신문에 공고하여야 한다.

③ 시·도지사는 공인중개사 자격시험 합격자의 결정 공고일부터 1개월 이내에 시험합격자에 관한 사항을 공인중개사자격증교부대장에 기재한 후 자격증을 교부해야 한다.

④ 공인중개사가 다른 사람에게 자기의 성명을 사용하여 중개업무를 하게 하는 행위는 자격증 대여 등의 금지행위에 해당된다.

⑤ 국토교통부장관은 공인중개사시험의 합격자에게 공인중개사자격증을 교부하여야 한다.

03 공인중개사자격증에 대한 기술 중 옳은 것은?

① 공인중개사자격증의 재교부를 신청하는 자는 재교부신청서를 국토교통부장관에게 제출해야 한다.

② 무자격자가 거래를 성사시켜 작성한 계약서에 자신의 인감을 날인하는 방법으로 자신이 직접 공인중개사 업무를 수행하는 형식을 갖추었다면 이는 공인중개사자격증 양도·대여행위에 해당되지 않는다.

③ 무자격자인 乙이 공인중개사인 甲명의의 중개사무소에서 동업형식으로 중개업무를 한 경우, 乙은 형사처벌의 대상이 된다.

④ 무자격자가 공인중개사의 업무를 수행하였는지 여부는 외관상 공인중개사가 직접 업무를 수행하는 형식을 취하였는지 여부에 의해 판단해야 한다.

⑤ 무자격자가 자신의 명함에 중개사무소 명칭을 '부동산뉴스' 그 직함을 '대표'라고 기재하여 사용하였더라도, 이를 공인중개사와 유사한 명칭을 사용한 것이라고 볼 수 없다.

테마 5. **중개사무소 개설등록(1-2문제)**

1. 등록절차

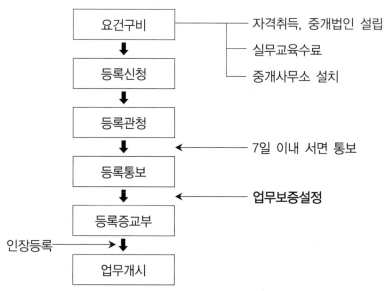

2. 등록신청자와 등록관청

1) 등록신청자

(1) **신규 중개사무소 개설등록 신청자**: 공인중개사(소속공인중개사를 제외한다) 또는
법인이 아닌 자는 중개사무소의 개설등록을 신청할 수 없다.

(2) **종별 변경** - 중개사무소의 개설등록을 한 개업공인중개사가 종별을 달리하여 업
무를 하고자 하는 경우에는 등록신청서를 다시 제출하여야 한다(규칙 제4조 제3항).

2) 등록관청

중개사무소(법인인 경우에는 주된 사무소)를 두고자 하는 지역을 관할하는 시장
(구가 설치되지 않은 시에 한한다)·군수·구청장이다.

3. 등록기준 - 다만, 다른 법률의 규정에 따라 부동산중개업을 할 수 있는 경우에는
등록기준을 적용하지 아니한다.

▌다른 법률의 규정에 따라 부동산 중개업을 할 수 있는 경우

> 첫째, 등록기준을 적용하지 않는다.
> 둘째, 분사무소를 설치하는 경우에 책임자에 관한 규정이 적용되지 않는다.
> 셋째, 다른 법률의 규정에 의해 중개업을 할 수 있는 경우에는 2천만원 이상의 업무보
> 증을 설정하여야 한다.

⑴ **공인중개사에 대한 등록기준**

① 공인중개사 자격을 보유할 것

② 실무교육을 수료할 것

③ 건축물대장에 기재된 건물에 중개사무소를 확보할 것 ⇨ 아래 참고

④ 개업공인중개사 등의 결격사유에 해당하지 않을 것

⑵ **중개법인에 대한 등록기준**

① 「상법」상 회사 또는 「협동조합기본법」에 따른 협동조합(**사회적 협동조합은 제외한다**)으로서 자본금이 5천만원 이상일 것

② **법인인 개업공인중개사가 할 수 있는 업무만**을 영위할 목적으로 설립된 법인일 것 ⇨ 중개업 + 법 제14조의 업무가능

③ **대표자는 공인중개사**이어야 하며, 대표를 **제외한** 임원 또는 사원(합명회사 또는 합자회사의 무한책임사원을 말한다)의 **1/3이상이** 공인중개사일 것

④ 임원 또는 사원 전원 및 분사무소의 책임자(분사무소를 설치하고자 하는 경우에 한한다)가 실무교육을 받았을 것

⑤ 건축물대장에 기재된 건물에 중개사무소를 확보할 것

ㄱ **가설건축물대장에 기재된 건물** ✕

ㄴ **준공검사, 준공인가, 사용승인, 사용검사 등을 받은 건물** ○

ㄷ **소유 · 전세 · 임대차 또는 사용대차 등 사용권을 확보**

ㄹ 중개사무소로 사용가능한 용도이어야 한다.

ㅁ 다른 개업공인중개사의 중개사무소로 사용 중이어도 사용권을 확보하면 중개사무소 개설등록을 할 수 있다.

ㅂ 중개사무소의 면적에 대한 제한이나 중개사무소를 중개업에 전용해야 할 의무도 없다.

⑥ 사원과 임원전체가 결격사유에 해당되지 않을 것

4. 등록위반과 그 제재

⑴ **무등록 중개업** – 3/3, **거래계약은 유효, 보수지급** ✕(반환청구가능)

   거래당사자 처벌 ✕

⑵ **이중등록 금지, 이중소속 금지, 등록증 양도 · 대여 금지**

⇨ 1/1, 절대적 취소사유

▌등록관청이 다음 달 10일까지 공인중개사협회에 통보하여야 하는 사항

㉠ 중개사무소 개설등록증을 교부한 때
㉡ 분사무소의 설치신고를 받은 때
㉢ 중개사무소 이전신고를 받은 때
㉣ 휴업, 폐업, 재개업, 휴업기간의 변경신고를 받은 때
㉤ 행정처분(등록취소, 업무정지)을 한 때
㉥ 소속공인중개사 또는 중개보조원의 고용이나 고용관계종료의 신고를 받은 때

▌문제

기출1. 공인중개사법령상 법인의 중개사무소 개설등록의 기준으로 틀린 것은? (단, 다른 법령의 규정은 고려하지 않음)

① 대표자는 공인중개사일 것
② 대표자를 포함한 임원 또는 사원(합명회사 또는 합자회사의 무한책임사원을 말함)의 3분의 1 이상은 공인중개사일 것
③ 「상법」상 회사인 경우 자본금은 5천만원 이상일 것
④ 대표자, 임원 또는 사원(합명회사 또는 합자회사의 무한책임사원을 말함) 전원이 실무교육을 받았을 것
⑤ 분사무소를 설치하려는 경우 분사무소의 책임자가 실무교육을 받았을 것

기출2. 공인중개사법령상 중개사무소의 개설등록을 위한 제출 서류에 관한 설명으로 틀린 것은?

① 공인중개사자격증 사본을 제출하여야 한다.
② 사용승인을 받았으나 건축물대장에 기재되지 아니한 건물에 중개사무소를 확보하였을 경우에는 건축물대장 기재가 지연되는 사유를 적은 서류를 제출하여야 한다.
③ 여권용 사진을 제출하여야 한다.
④ 실무교육을 위탁받은 기관이 실무교육 수료 여부를 등록관청이 전자적으로 확인할 수 있도록 조치한 경우에는 실무교육의 수료확인증 사본을 제출하지 않아도 된다.
⑤ 외국에 주된 영업소를 둔 법인의 경우에는 「상법」상 외국회사 규정에 따른 영업소의 등기를 증명할 수 있는 서류를 제출하여야 한다.

01 다음 중 중개사무소 개설등록에 관한 기술 중 옳은 것은?

① 소속공인중개사는 중개사무소의 개설등록을 신청할 수 있다.

② 변호사는 중개사무소 개설등록을 하지 않아도 중개업을 영위할 수 있다.

③ 다른 법률에 의하여 중개업을 영위하고자 하는 경우에도 공인중개사법령상의 등록기준이 적용된다.

④ 「농업협동조합법」에 따라 부동산 중개 사업을 할 수 있는 지역농업협동조합도 공인중개사법령에서 정한 개설등록기준을 갖추어야 한다.

⑤ 중개사무소의 개설등록을 한 개업공인중개사가 종별을 달리하여 업무를 하고자 하는 경우에는 등록신청서를 다시 제출하여야 한다.

02 중개업 등록에 관한 기술 중 틀린 것은?

① 공인중개사(소속 공인중개사를 제외한다) 또는 법인이 아닌 자는 중개사무소 개설등록을 신청할 수 없다.

② 법인 아닌 사단은 중개사무소 개설등록할 수 없다.

③ 법인이 중개사무소 개설등록하기 위하여는 중개업 및 겸업제한에 위배되지 않는 업무만을 영위할 목적으로 설립되어야 한다.

④ 중개사무소 개설등록을 하고자 하는 자는 손해배상책임을 보장하기 위한 보증을 설정하고 등록신청을 하여야 한다.

⑤ 협동조합(사회적 협동조합은 제외한다)도 자본금 5천만원 이상으로 설립되면 중개사무소 개설등록할 수 있다.

03 중개사무소 개설등록 기준에 대한 기술 중 옳은 것은?

① 중개법인의 대표자는 공인중개사이고, 대표를 포함한 임원 또는 사원(합명회사 또는 합자회사의 무한책임사원을 말한다)의 3분의 1이상은 공인중개사이어야 한다.

② 중개법인의 대표자는 공인중개사이어야 하며, 대표자를 제외한 임원 또는 사원(합명회사 또는 합자회사의 무한책임사원을 말한다)의 2분의 1 이상은 공인중개사이어야 한다.

③ 중개법인의 대표자를 제외한 임원 또는 사원(합명회사 또는 합자회사의 무한책임사원을 말함)이 5명이라면 그 중 2명 이상이 공인중개사이면 된다.

④ 법인이 중개사무소 개설등록하기 위하여는 대표자가 실무교육을 받으면 되고, 사원이나 임원은 실무교육을 받지 않아도 된다.

⑤ 개설등록을 하려면 소유권에 의하여 사무소의 사용권을 확보하여야 한다.

04 중개사무소 개설등록에 관한 기술 중 옳은 것은?

① 중개업 및 주택의 분양대행업을 영위할 목적으로 설립된 법인은 개설등록을 신청할 수 있다.

② 「건축법」상 가설건축물대장에 기재된 건축물에 개설등록할 수 있다.

③ 개설등록을 하고자 하는 자가 사용대차한 건물에는 개설등록할 수 없다.

④ 법인은 건축물대장에 기재된 건물에 50m² 이상의 중개사무소를 확보하여야 한다.

⑤ 중개사무소 개설등록을 신청하는 경우에는 공인중개사자격증 사본을 제출해야 한다.

05 다음 중 중개사무소 개설등록에 관한 기술 중 틀린 것은?

① 등록관청은 중개사무소등록증을 교부하기 전에 개설등록을 한 자가 손해배상책임을 보장하기 위한 조치(보증)를 하였는지 여부를 확인해야 한다.

② 외국인이 중개사무소 개설등록을 신청하는 경우에는 개업공인중개사 등의 결격사유에 해당되지 않음을 증명할 수 있는 서면을 등록신청시 제출해야 한다.

③ 건축물대장에 기재되지 아니한 건물에 중개사무소를 확보하였을 경우에는 건축물대장 기재가 지연되는 사유를 적은 서류를 제출해야 한다.

④ 개업공인중개사의 결격사유 발생시 중개사무소의 개설등록의 효과는 당연 실효된다.

⑤ 등록신청을 받은 등록관청은 7일 이내에 개업공인중개사의 종별에 따라 구분하여 중개사무소 개설등록을 하고 등록신청인에게 서면으로 통보하여야 한다.

06 중개사무소 개설등록에 관한 기술 중 옳은 것은?

① 국토교통부장관은 중개사무소의 개설등록을 한 자에 대하여 국토교통부령이 정하는 바에 따라 중개사무소등록증을 교부해야 한다.

② 공인중개사자격이 없는 자가 중개사무소 개설등록을 하지 아니한 채 부동산 중개업을 하면서 거래당사자와 체결한 중개보수 지급약정은 무효(강행법규 위반)이다.

③ 등록관청이 중개사무소등록증을 교부한 때에는 이 사실을 다음 달 10일까지 국토교통부장관에게 통보해야 한다.

④ 무등록 중개업자에게 중개를 의뢰한 거래당사자는 무등록 중개업자의 중개 행위에 대하여 무등록 중개업자와 공동정범으로 처벌된다.

⑤ 자격증 및 등록증을 잃어버리거나 못쓰게 된 경우에는 시·도지사에게 재교 부를 신청한다.

07 중개업 등록에 관한 기술 중 틀린 것은?

① 부동산중개사무소 개설등록 신청과 인장등록신고를 같이 할 수 있다.

② 법인인 개업공인중개사의 대표자가 사망한 경우는 신규등록사항이 아니라 등록증 재교부사유에 해당된다.

③ 무등록 중개업자의 중개행위는 형사처벌의 대상이 되는 범죄행위에 해당하 는 것으로서 업무방해죄의 보호대상이 되는 업무라고 볼 수 없다.

④ 중개사무소 개설등록을 신청하는 경우에는 보증설정증명서면을 제출해야 한다.

⑤ 개업공인중개사 등은 다른 개업공인중개사의 소속 공인중개사·중개보조원 또는 개업공인중개사인 법인의 사원·임원이 될 수 없다.

테마 6. 개업공인중개사 등의 결격사유(1문제)

😊😊 제한능력자가 돈이 없어 **파산**을 신청하니 **유예**도 없이 **실형**을 선고하고 **행정처분**을 하고 **300만원 이상의 벌금형**을 선고하니 **처음부터 끝**까지 되는 일도 없다.

⑴ **제한능력자**

① 미성년자 : 만 19세에 달하지 않은 자를 말한다(「민법」 제3조). 미성년자는 예외없이 결격사유에 해당된다.

② 피성년후견인 또는 피한정후견인

㉠ 피성년후견인 : 개시심판 ↔ 종료심판

㉡ 피한정후견인 : 개시심판 ↔ 종료심판

※ **피특정후견인을 결격사유에 해당되지 않는다.**

⑵ **파산자** : 파산자란 법원으로부터 파산선고를 받고 복권되지 아니한 자

⑶ **금고 이상의 형을 선고받은 자**

	집행유예처분	**집행유예기간**(선고시 − 지문) **+ 2년 미경과**	
금고 이상의 형 ① **사형** ② **징역** ③ **금고**	실형의 선고	집행종료 • 형기만료 • 가석방+잔형기 경과(무기는 10년)	3년 미경과
		집행을 면제받은 경우 • 법률의 변경 • 특별사면을 받은 경우	
		일반사면 − 즉시 미결격사유	

⑷ **공인중개사법에 의한 행정처분을 받은 자**

	자격취소	3년 미경과
공인중개사법 위반	자격정지	정지기간 미경과
	등록취소	3년 미경과
	개업공인중개사가 업무정지후 폐업	정지기간 미경과
	법인인 개업공인중개사가 업무정지	**행위당시의 사원과 임원이** 정지기간 미경과

⑸ **공인중개사법에 위반하여 벌금 300만원 이상을 선고받은 자** – 3년 미경과

⑹ **사원, 임원 중에 결격사유에 해당하는 사원, 임원이 있는 법인**: 결격사유에 해당하는 임원을 2월 이내에 해소하지 않으면 법인자체의 결격사유에 해당된다.

■ **개업공인중개사 등의 결격사유와 공인중개사 시험의 응시자격**

① 개업공인중개사 등의 결격사유에 해당되어도 원칙적으로 공인중개사 시험에 응시하여 자격을 취득할 수 있다.
② 미성년자(예외없음)는 결격사유에만 해당되고, 응시자격이 제한되지 않는다.
③ 부정행위자로 적발되고 5년이 경과되지 않은 자는 응시자격만 제한되고, 결격사유에는 해당되지 않는다.
④ 자격취소 처분을 받고 3년이 경과되지 않은 자는 결격사유에도 해당되고 응시자격도 제한된다

■ **결격사유의 효과 – 퇴출**

◉ **주의사항 !**

⑴ 모든 결격사유가 절대적 취소사유에 해당되는 것은 아니다.

⑵ 모든 등록취소가 3년간 결격사유에 해당되는 것은 아니다. ① **개업공인중개사가 사망하거나 법인이 해산한 경우**, ② **개업공인중개사가 결격사유에 해당되는 경우**, ③ **등록기준에 미달**되어 등록이 취소된 경우는 등록취소를 받은 날부터 3년간 결격사유에 해당되는 것은 아니다.

▌문제

> **기출1. 공인중개사법령상 중개사무소 개설등록에 관한 설명으로 옳은 것을 모두 고른 것은?**
>
> ㉠ 피특정후견인은 중개사무소의 등록을 할 수 없다.
> ㉡ 금고 이상의 형의 집행유예를 받고 그 유예기간이 종료되고 2년이 경과되지 않은 자는 중개사무소의 등록을 할 수 없다.
> ㉢ 자본금이 5천만원 이상인 「협동조합 기본법」상 사회적협동조합은 중개사무소의 등록을 할 수 있다.
>
> ① ㉠　　　　　　　　② ㉡　　　　　　　　③ ㉠, ㉡
> ④ ㉠, ㉢　　　　　　⑤ ㉡, ㉢

01 다음 중 개업공인중개사 등의 결격사유에 대한 기술 중 옳은 것은?

① 미성년자가 혼인을 한 경우에는 개업공인중개사 등의 결격사유에 해당되지 않는다.

② 피특정후견인은 결격사유에 해당된다.

③ 개인회생을 신청한 후 법원의 인가 여부가 결정되지 않은 공인중개사는 결격사유에 해당된다.

④ 음주교통사고로 징역형을 선고받고 그 형의 집행유예기간이 종료되고 1년이 경과된 공인중개사는 결격사유에 해당된다.

⑤ 파산선고를 받고 복권된 후 3년이 경과되지 않은 자는 개업공인중개사 등이 될 수 없다.

02 다음 중 개업공인중개사 등의 결격사유에 대한 기술 중 틀린 것은?

① 형의 선고유예를 받은 자는 결격사유에 해당되지 않는다.

② 금고 이상의 실형의 선고를 받고 그 집행이 종료되거나 집행이 면제된 날부터 3년이 경과되지 아니한 자는 결격사유에 해당된다.

③ 「도로교통법」을 위반하여 금고 이상의 실형을 선고받고 그 집행이 종료된 날부터 3년이 경과되지 않은 경우는 결격사유에 해당된다.

④ 등록하지 않은 인장을 사용하여 공인중개사의 자격이 정지되고 그 자격정지기간 중에 있는 경우는 결격사유에 해당된다.

⑤ 업무정지처분을 받은 개업공인중개사인 법인의 업무정지처분을 받을 당시의 사원 또는 임원이었던 자로서 당해 개업공인중개사에 대한 업무정지기간이 경과되지 아니한 자는 개업공인중개사 등의 결격사유에 해당된다.

03 다음 중 개업공인중개사 등의 결격사유에 대한 기술 중 옳은 것은?

① 공인중개사의 자격이 취소된 후 4년이 된 자는 결격사유에 해당된다.

② 중개대상물확인 · 설명서를 교부하지 않아 업무정지처분을 받고 폐업신고를 한 후 그 업무정지기간이 경과되지 않은 경우는 결격사유에 해당된다.

③ 공인중개사법이 아닌 다른 법에 위반하여 벌금 300만원 이상의 형을 선고받은 경우에도 3년간 결격사유에 해당된다.

④ 공인중개사법에 위반하여 벌금 200만원을 선고받은 경우에도 결격사유에 해당된다.

⑤ 고용인이 행정형벌에 해당되는 위반행위를 하여 개업공인중개사가 양벌규정에 따라 벌금 300만원 이상을 선고받은 경우에도 벌금형을 선고받은 날부터 3년간 결격사유에 해당된다.

04 다음 중 개업공인중개사 등의 결격사유에 대한 기술 중 옳은 것은?

① 개업공인중개사인 법인이 해산하여 그 등록이 취소된 경우에 그 법인의 대표자이었던 자는 3년간 결격사유에 해당된다.

② 공인중개사법에 위반하여 300만원 이상의 벌금형을 선고받아 등록취소처분을 받은 경우에도 등록취소처분을 받은 날부터 3년간 결격사유에 해당된다.

③ 개업공인중개사가 등록기준에 미달하여 등록취소처분을 받은 경우에도 등록취소처분을 받은 날부터 3년간 결격사유에 해당된다.

④ 공인중개사자격시험에 응시하여 부정행위로 적발된 후 당해 시험의 무효처분을 받은 날부터 5년이 경과되지 않은 자는 결격사유에 해당되지 않는다.

⑤ 개업공인중개사가 공인중개사법에 위반하고 2년간 폐업했다가 재개업한 경우에 폐업신고 전의 위반행위를 근거로 등록취소된 경우에도 등록취소를 받은 날부터 3년간 결격사유에 해당된다.

테마 7. 사무소(2문제)

1. 법인의 분사무소
① **법인의 분사무소 설치요건**
  ㉠ 주된 사무소의 소재지가 속한 시·군·구를 **제외한** 시·군·구별로 설치하여야 한다.
  ㉡ 각 시·군·구별로 1개소를 초과할 수 없다.
  ㉢ 분사무소에는 **공인중개사**를 책임자로 두어야 한다. **다만, 다른 법률의 규정에 의하여 중개업을 할 수 있는 법인의 분사무소의 경우에는 그러하지 아니하다.**
② **설치절차**(설치신고)
  ㉠ 법인의 분사무소 설치신고
    ㉮ 분사무소 책임자의 실무교육의 수료확인증 사본
    ㉯ **보증의 설정을 증명할 수 있는 서류**
    ㉰ 건축물대장에 기재된 건물에 중개사무소를 확보 증명 서류
  ㉡ 수수료 - 지방자치단체 조례로 정한다.

2. 중개사무소의 공동사용
① 설치목적
② 설치요건
  ㉠ 원칙 - 제한이 없다(종별제한 ×, 수의제한 ×, 등록관청제한 ×)
    ⇨ 중개사무소의 개설등록 또는 중개사무소의 이전신고를 하는 때에 그 중개사무소를 사용할 권리가 있는 다른 개업공인중개사의 승낙서를 첨부하여야 한다.
  ㉡ 예외 - **업무정지 개업공인중개사**
③ 중개사무소 공동사용의 법률관계 : 개별 개업공인중개사별로 이루어진다.

3. 중개사무소의 이전

⑴ **중개사무소 이전신고** : 이전한 날부터 10일 이내

① 신고서

② 중개사무소등록증(분사무소는 설치신고확인서)

③ 건축물대장에 기재된 건물에 중개사무소를 확보 증명 서류

⑵ **관할구역 안에서의 이전** – 등록관청에 신고

① 중개사무소등록증 또는 분사무소 설치신고확인서 재교부

② 종전의 중개사무소등록증 또는 분사무소 설치신고확인서에 변경사항을 기재하여 이를 교부할 수 있다.

⑶ **관할구역 밖으로의 이전** – 이전 후 등록관청에 신고

① 이전 후 등록관청은 종전의 등록관청에 다음의 서류 송부 요청

㉠ 이전신고를 한 중개사무소의 부동산중개사무소등록대장

㉡ 부동산중개사무소 개설등록 신청서류

㉢ 최근 1년간의 행정처분 및 행정처분절차가 진행 중인 경우 관련서류

② 이전신고 전에 발생한 사유로 인한 행정처분은 **이전 후 등록관청**

⑷ **분사무소의 이전** – 주된 사무소 등록관청에 신고

등록관청은 지체 없이 그 분사무소의 이전 전 및 이전 후의 소재지를 관할하는 시장·군수 또는 구청장에게 이를 통보하여야 한다.

⑸ **위반시의 제재**

개업공인중개사가 사무소를 이전하고 10일 이내에 중개사무소의 이전신고를 하지 않은 경우에 등록관청은 100만원 이하의 과태료처분을 할 수 있다.

▌문제

기출1. 공인중개사법령상 중개사무소의 설치에 관한 설명으로 틀린 것은?

① 개업공인중개사는 그 등록관청의 관할 구역 안에 1개의 중개사무소만을 둘 수 있다.

② 개업공인중개사는 이동이 용이한 임시 중개시설물을 설치하여서는 아니 된다.

③ 주된 사무소의 소재지가 속한 군에는 분사무소를 설치할 수 없다.

④ 법인이 아닌 개업공인중개사가 그 관할 구역 외의 지역에 분사무소를 설치하기 위해서는 등록관청에 신고하여야 한다.

⑤ 분사무소 설치신고를 받은 등록관청은 그 신고내용이 적합한 경우에는 신고확인서를 교부하여야 한다.

기출2. 공인중개사법령상 개업공인중개사의 중개사무소 이전신고 등에 관한 설명으로 틀린 것은?

① 개업공인중개사가 중개사무소를 등록관청의 관할 지역 외의 지역으로 이전한 경우에는 이전 후의 중개사무소를 관할하는 시장·군수 또는 구청장에게 신고하여야 한다.

② 개업공인중개사가 등록관청에 중개사무소의 이전사실을 신고한 경우에는 지체 없이 사무소의 간판을 철거하여야 한다.

③ 분사무소의 이전신고를 하려는 경우에는 주된 사무소의 소재지를 관할하는 등록관청에 중개사무소이전신고서를 제출해야 한다.

④ 업무정지기간 중에 있는 개업공인중개사는 중개사무소의 이전신고를 하는 방법으로 다른 개업공인중개사의 중개사무소를 공동으로 사용할 수 없다.

⑤ 공인중개사인 개업공인중개사가 중개사무소이전신고서를 제출할 때 중개사무소등록증을 첨부하지 않아도 된다.

01 다음 중 중개사무소에 대한 기술 중 옳은 것은?

① 공인중개사인 개업공인중개사도 공인중개사를 책임자로 두는 경우에는 분사
무소를 설치할 수 있다.

② 공인중개사법을 위반하여 2 이상의 중개사무소를 두거나 임시 중개시설물을
설치한 경우 등록관청은 중개사무소의 개설등록을 취소할 수 있다.

③ 분사무소는 주된 사무소의 소재지가 속한 시·군·구를 포함한 시·군·구
별로 설치하되, 시·군·구별로 1개소를 초과할 수 없다.

④ 다른 법률의 규정에 따라 중개업을 할 수 있는 법인의 분사무소인 경우에도
책임자는 공인중개사이어야 한다.

⑤ 분사무소 설치신고는 분사무소를 두고자 하는 지역을 관할하는 시·군·구
청장에게 하여야 한다.

02 다음 중 중개사무소에 대한 기술 중 옳은 것은?

① 개업공인중개사는 그 등록관청의 관할 구역 안에 1개의 중개사무소만을 둘
수 있다.

② 중개법인이 분사무소를 설치하고자 등록관청에 신고서를 제출할 때에 업무
보증설정을 증명할 수 있는 서류는 제출서류가 아니다.

③ 분사무소의 설치신고를 하려는 자는 분사무소 책임자의 공인중개사자격증
사본과 법인등기사항증명서를 제출해야 한다.

④ 법인인 개업공인중개사는 종별이 다른 개업공인중개사와 공동으로 중개사무
소를 사용할 수 없다.

⑤ 업무정지 개업공인중개사가 다른 개업공인중개사의 중개사무소를 공동으로
사용하기 위하여 중개사무소를 이전하는 방법으로 중개사무소를 공동으로
사용할 수 있다.

03 다음 중 중개사무소에 대한 기술 중 틀린 것은?

① 개업공인중개사는 그 업무의 효율적인 수행을 위해 다른 개업공인중개사와 중개사무소를 공동으로 사용할 수 있다.

② 중개사무소를 공동으로 사용하고자 하는 개업공인중개사는 중개사무소의 개설등록신청 또는 중개사무소의 이전신고를 하는 때에 그 중개사무소를 사용할 권리가 있는 다른 개업공인중개사의 승낙서를 첨부하여야 한다.

③ 업무정지 개업공인중개사가 다른 개업공인중개사에게 중개사무소의 공동사용을 위하여 승낙서를 주는 방법으로 중개사무소를 공동으로 사용할 수 없다.

④ 업무정지 개업공인중개사가 영업정지 처분을 받기 전부터 중개사무소를 공동사용 중인 다른 개업공인중개사도 중개사무소를 공동으로 사용할 수 없다.

⑤ 업무정지 중이 아닌 다른 개업공인중개사의 중개사무소를 공동사용하는 방법으로 사무소의 이전을 할 수 있다.

04 다음 중 중개사무소에 이전에 대한 기술 중 옳은 것은?

① 개업공인중개사가 중개사무소를 등록관청 관할 지역 외로 이전한 경우에는 이전한 날부터 10일 이내에 이전 전 등록관청에 신고하여야 한다.

② 사무소를 등록관청 관할구역 밖으로 이전한 경우에 이전신고를 받은 등록관청은 등록증에 변경사항을 기재하여 교부하거나 중개사무소등록증을 재교부하여야 한다.

③ 건축물대장에 기재되지 않는 건물로 중개사무소를 이전하는 경우에 건축물대장의 기재가 지연된 사유를 적은 서류를 첨부하지 않아도 된다.

④ 중개사무소를 관할 구역 밖으로 이전한 경우에 이전 전 등록관청은 이전 후 등록관청에 등록증을 송부하여야 한다.

⑤ 분사무소의 이전신고를 받은 등록관청은 그 분사무소의 이전 전 및 이전 후의 소재지를 관할하는 시장·군수 또는 구청장에게 그 사실을 통보해야 한다.

05 다음 중 중개사무소에 이전에 대한 기술 중 틀린 것은?

① 법인인 개업공인중개사가 분사무소를 시·군·구의 관할 구역 밖으로 이전한 경우에는 이전 후의 분사무소 시·군·구청장에게 사무소 이전신고를 하여야 한다.

② 이전신고 전에 발생한 사유로 인한 개업공인중개사에 대한 행정처분은 이전 후의 등록관청이 이를 행한다.

③ 개업공인중개사는 등록관청에 중개사무소 이전사실을 신고한 경우에는 지체 없이 사무소의 간판을 철거하여야 한다. 이행하지 아니한 경우에는 행정대집행법에 따라 대집행을 할 수 있다.

④ 개업공인중개사가 사무소를 이전하고 10일 이내에 중개사무소의 이전신고를 하지 않은 경우에 등록관청은 100만원 이하의 과태료처분을 할 수 있다.

⑤ 개업공인중개사가 중개사무소를 관할 구역 안에서 이전한 경우에 등록관청은 종전의 등록증에 변경사항을 기재하여 교부할 수 있다.

06 중개사법령상 공인중개사인 개업공인중개사가 중개사무소를 등록관청의 관할 지역 내로 이전한 경우에 관한 설명으로 틀린 것을 모두 고른 것은?

㉠ 중개사무소를 이전한 날부터 10일 이내에 신고해야 한다.

㉡ 등록관청이 이전신고를 받은 경우, 중개사무소등록증에 변경사항만을 적어 교부할 수 없고 재교부해야 한다.

㉢ 이전신고를 할 때 중개사무소등록증을 제출하지 않아도 된다.

㉣ 건축물대장에 기재되지 않은 건물로 이전신고를 하는 경우, 건축물대장 기재가 지연되는 사유를 적은 서류도 제출해야 한다.

---

① ㉠, ㉡   ② ㉠, ㉣   ③ ㉡, ㉢

④ ㉢, ㉣   ⑤ ㉡, ㉢, ㉣

테마 8. 게시의무와 사무소 명칭(2문제)

1. 등록증 등의 게시의무

⑴ 중개사무소등록증 원본(분사무소는 분사무소설치신고확인서 원본)

⑵ 중개보수 · 실비의 요율 및 한도액표

⑶ 개업공인중개사 및 소속공인중개사의 공인중개사자격증 원본(해당되는 자가 있는 경우에 한한다)

⑷ 보증의 설정을 증명할 수 있는 서류

⑸ 사업자등록증

2. 사무소 명칭 등

⑴ **개업공인중개사의 사무소 명칭표시 및 광고**

　① **개업공인중개사의 사무소 명칭** – 위반 : 100만원 이하의 과태료

　　㉠ "공인중개사사무소" 또는 "부동산중개"라는 문자를 사용
　　　단, 중개인은 "공인중개사사무소"라는 문자 사용금지

　　㉡ 옥외광고물을 설치하는 경우 개업공인중개사(법인은 대표자, 법인 분사무소는 책임자)의 성명을 인식할 수 있는 정도의 크기로 표기하여야 한다.

　② **개업공인중개사의 중개대상물 표시 · 광고** – 위반 : 100만원 이하의 과태료

　　㉠ 개업공인중개사가 의뢰받은 중개대상물에 대하여 표시 · 광고를 하려면 다음의 사항을 명시하여야 하며, **중개보조원에 관한 사항을 명시해서는 안 된다.**

> ㉮ 중개사무소의 명칭, 소재지, 연락처 및 등록번호
> ㉯ 개업공인중개사의 성명(법인인 경우에는 대표자의 성명)

　　㉡ 인터넷을 이용한 중개대상물의 표시 · 광고는 위의 ㉠에 해당되는 사항 외에도 다음 사항을 명시

> 1. 소재지　 2. 면적　 3. 가격　 4. 중개대상물 종류　 5. 거래 형태
> 6. 건축물 및 그 밖의 토지의 정착물인 경우 다음 각 목의 사항
> 　가. 총 층수
> 　나. 사용승인 · 사용검사 등을 받은 날
> 　다. 해당 건축물의 방향, 방의 개수, 욕실의 개수, 입주가능일, 주차대수 및 관리비

③ **개업공인중개사의 중개대상물에 대한 부당한 표시 · 광고 금지** − 500만원 이하의 과태료

> ㉠ 중개대상물이 존재하지 않아서 실제로 거래를 할 수 없는 중개대상물에 대한 표시 · 광고
>
> ㉡ 중개대상물의 가격 등 내용을 사실과 다르게 거짓으로 표시 · 광고하거나 사실을 과장되게 하는 표시 · 광고
>
> ㉢ 중개대상물이 존재하지만 실제로 중개의 대상이 될 수 없는 중개대상물에 대한 표시 · 광고
>
> ㉣ 중개대상물이 존재하지만 실제로 중개할 의사가 없는 중개대상물에 대한 표시 · 광고
>
> ㉤ 중개대상물의 입지조건, 생활여건, 가격 및 거래조건 등 중개대상물 선택에 중요한 영향을 미칠 수 있는 사실을 빠뜨리거나 은폐, 축소하는 등의 방법으로 소비자를 속이는 표시 · 광고
>
> ㉥ 그 밖에 국토교통부장관이 정하여 고시하는 표시 · 광고

④ **간판의 철거**

㉠ 개업공인중개사는 다음에 해당하는 경우에는 지체 없이 사무소의 간판을 철거하여야 한다.

> ㉮ 중개사무소의 이전사실을 신고한 경우
> ㉯ 등록관청에 폐업사실을 신고한 경우
> ㉰ 중개사무소의 개설등록 취소처분을 받은 경우

㉡ 등록관청은 제1항에 따른 간판의 철거를 개업공인중개사가 이행하지 아니하는 경우에는 「행정대집행법」에 따라 대집행을 할 수 있다.

⑵ **개업공인중개사가 아닌 자의 명칭표시 및 광고제한** − 위반 : 1년 이하의 징역이나 1천만원 이하의 벌금

① 개업공인중개사가 아닌 자는 "공인중개사사무소", "부동산중개" 또는 이와 유사한 명칭을 사용하여서는 아니된다.

② 개업공인중개사가 아닌 자는 중개대상물에 대한 표시 · 광고를 하여서는 아니 된다.

──**판례**──

무자격자가 자신의 명함에 '부동산뉴스 대표'라는 명칭을 기재하여 사용한 것이 공인중개사와 유사한 명칭을 사용한 것에 해당한다(대법원 2007.3.29. 선고 2006도9334 판결).

③ 공인중개사가 아닌 자는 공인중개사 또는 이와 유사한 명칭을 사용하지 못한다.

⑶ **인터넷 표시·광고 모니터링** — 위반 : 500만원 이하의 과태료
  ① 국토교통부장관은 인터넷을 이용한 중개대상물에 대한 표시·광고가 법규정을 준수하는지 여부를 모니터링 할 수 있다.
  ② 국토교통부장관은 모니터링을 위하여 필요한 때에는 정보통신서비스 제공자에게 관련 자료의 제출을 요구할 수 있다.
  ③ 국토교통부장관은 정보통신서비스 제공자에게 공인중개사법 위반이 의심되는 표시·광고에 대한 확인 또는 추가정보의 게제 등 필요한 조치를 요구할 수 있다.
  ④ 국토교통부장관은 모니터링 업무를 대통령령으로 정하는 기관에 위탁할 수 있고, 예산을 지원할 수 있다.
  ⑤ 모니터링의 내용, 방법, 절차 등에 관한 사항은 국토교통부령으로 정한다.

▌기본 모니터링과 수시 모니터링의 비교

구 분	기본 모니터링	수시 모니터링
모니터링의 내용	분기별로 실시	국토교통부장관이 필요하다고 판단하여 실시
국토교통부장관에게 계획서 제출	다음 연도의 계획을 매년 12월 31일까지 제출	계획서 제출
국토교통부장관에게 결과보고서 제출	매 분기의 마지막 날부터 30일 이내	모니터링 업무를 완료하고 15일 이내
국토교통부장관의 조치요구	시·도지사 및 등록관청에 결과보고서에 따른 조치요구	
국토교통부장관에게 조치완료 후 통보	시·도지사 및 등록관청은 조치를 **완료한 날부터 10일 이내**	
그 밖에 세부적인 사항	국토교통부장관이 정하여 고시	

▌인터넷 광고 모니터링 절차

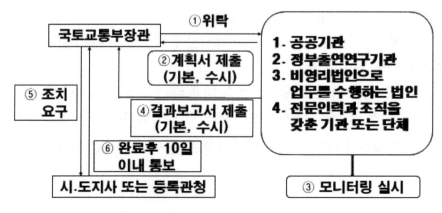

문제

기출1. 공인중개사법령상 중개사무소의 명칭 및 등록증 등의 게시에 관한 설명으로 틀린 것은?

① 공인중개사인 개업공인중개사는 공인중개사자격증 원본을 해당 중개사무소 안의 보기 쉬운 곳에 게시하여야 한다.

② 개업공인중개사는 「부가가치세법 시행령」에 따른 사업자등록증을 해당 중개사무소 안의 보기 쉬운 곳에 게시하여야 한다.

③ 법인인 개업공인중개사는 그 사무소의 명칭에 '공인중개사사무소' 또는 '부동산중개'라는 문자를 사용하여야 한다.

④ 법인인 개업공인중개사의 분사무소에 옥외광고물을 설치하는 경우 분사무소설치신고확인서에 기재된 책임자의 성명을 표기하여야 한다.

⑤ 법 제7638호 부칙 제6조 제2항에 따른 개업공인중개사는 그 사무소의 명칭에 '공인중개사사무소' 및 '부동산중개'라는 문자를 사용하여서는 아니된다.

기출2. 공인중개사법령상 개업공인중개사가 지체 없이 사무소의 간판을 철거해야 하는 사유를 모두 고른 것은?

> ㉠ 등록관청에 중개사무소의 이전사실을 신고한 경우
> ㉡ 등록관청에 폐업사실을 신고한 경우
> ㉢ 중개사무소의 개설등록 취소처분을 받은 경우
> ㉣ 등록관청에 6개월을 초과하는 휴업신고를 한 경우

① ㉣   ② ㉠, ㉢   ③ ㉡, ㉢
④ ㉠, ㉡, ㉢   ⑤ ㉠, ㉡, ㉢, ㉣

기출3. 공인중개사법령상 중개대상물의 표시 · 광고 및 모니터링에 관한 설명으로 틀린 것은?

① 개업공인중개사는 의뢰받은 중개대상물에 대하여 표시 · 광고를 하려면 개업공인중개사, 소속공인중개사 및 중개보조원에 관한 사항을 명시해야 한다.

② 개업공인중개사는 중개대상물이 존재하지 않아서 실제로 거래를 할 수 없는 중개대상물에 대한 광고와 같은 부당한 표시 · 광고를 해서는 안 된다.

③ 개업공인중개사는 중개대상물의 가격 등 내용을 과장되게 하는 부당한 표시 · 광고를 해서는 안 된다.

④ 국토교통부장관은 인터넷을 이용한 중개대상물에 대한 표시 · 광고의 규정준수 여부에 관하여 기본 모니터링과 수시 모니터링을 할 수 있다.

⑤ 국토교통부장관은 인터넷 표시 · 광고 모니터링 업무 수행에 필요한 전문인력과 전담조직을 갖췄다고 국토교통부장관이 인정하는 단체에게 인터넷 표시 · 광고 모니터링 업무를 위탁할 수 있다.

01 다음 중 중개사무소 명칭 및 등록등 등의 게시의무에 대한 기술 중 옳은 것은?

① 개업공인중개사가 공인중개사협회에 가입한 경우는 공인중개사협회의 등록증을 게시해야 한다.

② 개업공인중개사가 소속 공인중개사를 고용한 경우에 소속 공인중개사의 자격증 사본을 사무소에 게시해야 한다.

③ 사업자등록증은 개업공인중개사가 중개사무소에 게시해야 하는 사항에 해당된다.

④ 개업공인중개사는 옥외광고물을 설치해야 할 의무가 있다.

⑤ 개업공인중개사가 사무소 명칭표시의무에 위반하여 그 사무소의 명칭에 '공인중개사사무소' 또는 '부동산중개'라는 문자를 사용하지 않은 경우에는 500만원 이하의 과태료처분사유에 해당된다.

02 다음 중 개업공인중개사의 중개사무소 명칭 및 광고 등에 대하여 틀린 것은?

① 공인중개사자격이 없는 개인인 개업공인중개사는 사무소의 명칭에 "공인중개사사무소"라는 문자를 사용한 경우에는 100만원 이하의 과태료처분사유에 해당된다.

② 개업공인중개사가 옥외광고물을 설치하는 경우에는 벽면이용간판, 돌출간판 또는 옥상간판 등에 개업공인중개사의 성명을 표기해야 하나, 그 크기에는 제한이 없다.

③ 공인중개사자격이 없는 자가 자신의 명함에 '부동산뉴스 대표'라는 명칭을 사용하여 중개행위를 한 것은 공인중개사와 유사한 명칭을 사용한 것에 해당한다.

④ 법인인 개업공인중개사가 분사무소의 옥상간판을 설치하는 경우 분사무소 책임자의 성명을 인식할 수 있는 정도의 크기로 표기해야 한다.

⑤ 개업공인중개사가 의뢰받은 중개대상물에 대하여 표시·광고를 하려면 중개사무소 명칭, 소재지, 연락처 및 등록번호, 개업공인중개사의 성명을 명시하여야 하며, 중개보조원에 관한 사항을 명시해서는 안 된다. 위반한 경우에는 100만원 이하의 과태료처분사유에 해당된다.

03 다음 중 개업공인중개사의 중개사무소 명칭에 대한 내용 중 틀린 것은?

① 개업공인중개사가 아닌 자가 중개업을 영위하기 위하여 중개대상물에 대한 표시·광고를 한 경우에는 1년 이하의 징역이나 1천만원 이하의 벌금에 처한다.

② 중개보조원은 중개사무소의 명칭, 소재지 및 연락처, 자기의 성명을 명시하더라도 중개대상물에 대한 표시·광고를 할 수 없다.

③ 공인중개사자격을 취득한 자는 중개사무소의 개설등록을 하지 않으면 공인중개사라는 명칭을 사용할 수 없다.

④ 개업공인중개사가 아닌 자가 사무소 간판에 "공인중개사사무소"의 명칭을 사용한 경우 등록관청은 그 간판의 철거를 명할 수 있다.

⑤ 등록관청이 위법하게 설치된 사무소간판의 철거를 명하였음에도 이를 철거하지 않은 경우, 그 철거절차는 「행정대집행법」에 따라야 한다.

04 다음 중 개업공인중개사의 중개대상물의 표시 · 광고 및 모니터링에 대한 내용 중 틀린 것은?

① 개업공인중개사가 중개대상물에 대한 부당한 표시 · 광고를 한 경우에는 100만 원 이하의 과태료처분사유에 해당된다.

② 국토교통부장관은 모니터링을 위하여 필요한 때에는 정보통신서비스 제공자에게 관련 자료의 제출을 요구할 수 있다.

③ 정보통신서비스 제공자가 관련자료 제출요구에 불응하거나 필요한 조치요구에 불응한 경우에는 500만원 이하의 과태료처분사유에 해당된다.

④ 개업공인중개사가 인터넷을 이용하여 중개대상물의 표시 · 광고를 하는 때에는 중개대상물의 종류별로 소재지, 면적, 가격, 중개대상물의 종류, 거래형태 등을 명시하여야 한다. 위반한 경우는 100만원 이하의 과태료처분사유이다.

⑤ 개업공인중개사가 인터넷을 이용하여 건축물의 표시 · 광고를 하는 때에는 총 층수, 사용승인 · 사용검사 · 준공검사 등을 받은 날, 해당 건축물의 방향, 방의 개수, 입주가능일, 주차대수 및 관리비 등을 명시하여야 한다.

05 다음 중 개업공인중개사의 중개대상물의 표시 · 광고 및 모니터링에 대한 내용 중 틀린 것은?

① 개업공인중개사가 중개대상물의 가격 등 내용을 사실과 다르게 거짓으로 표시 · 광고한 경우에는 500만원 이하의 과태료처분사유에 해당된다.

② 개업공인중개사는 중개대상물이 존재하지 않아서 실제로 거래를 할 수 없는 중개대상물에 대한 표시 · 광고를 하여서는 아니 된다.

③ 개업공인중개사는 중개대상물이 존재하지만 실제로 중개의 대상이 될 수 없는 중개대상물에 대한 표시 · 광고를 하여서는 아니 된다.

④ 개업공인중개사는 중개대상물의 입지조건, 생활여건, 가격 및 거래조건 등 중개대상물 선택에 중요한 영향을 미칠 수 있는 사실을 빠뜨리거나 은폐, 축소하는 등의 방법으로 소비자를 속이는 표시 · 광고를 하여서는 아니 된다.

⑤ 등록관청은 인터넷을 이용한 중개대상물에 대한 표시 · 광고가 법규정을 준수하는지 여부를 모니터링 할 수 있다.

06 국토교통부장관은 인터넷을 이용한 중개대상물의 표시·광고가 법규정을 준수하는 지 모니터링을 할 수 있다. 모니터링에 대한 내용 중 틀린 것은?

① 국토교통부장관은 모니터링 업무를 공공기관, 정부출연연구기관 등에 위탁할 수 있다.

② 모니터링은 모니터링 기본계획서에 따라 분기별로 실시하는 기본 모니터링 과 모니터링 기본계획에 반영되지 않았으나, 법 위반이 의심되는 경우 등 국 토교통부장관이 필요하다고 판단하여 실시하는 수시 모니터링으로 구분된다.

③ 모니터링 기관은 모니터링 대상, 모니터링 체계 등을 포함한 다음 연도의 기 본 모니터링 기본계획서를 매년 12월 31일까지 국토교통부장관에게 제출해 야 한다.

④ 모니터링 기관은 모니터링 결과보고서를 기본 모니터링 업무는 매 분기의 마지막 날부터 15일 이내에 국토교통부장관에게 제출해야 한다.

⑤ 시·도지사 및 등록관청은 국토교통부장관의 요구를 받으면 신속하게 조사 및 조치를 완료하고, 완료한 날부터 10일 이내에 그 결과를 국토교통부장관 에게 통보하여야 한다.

테마 9. 개업공인중개사의 업무범위(1문제)

1. 개업공인중개사의 종별에 따른 업무범위

개업공인중개사의 종별	법령상 업무범위	
법인인 개업공인중개사	법 제14조의 업무만 가능	
공인중개사인 개업공인중개사	중개업(겸업제한 없음)	공인중개사법 및 다른 법률에 제한규정이 없는 한 모든 업무를 겸업 가능
중개인인 개업공인중개사		

2. 법인인 개업공인중개사의 업무범위

① 중개업
② 상업용 건축물 및 주택의 임대관리 등 **부동산의 관리대행**
③ 부동산의 이용·개발 및 거래에 관한 상담
④ **개업공인중개사**를 대상으로 한 중개업의 경영기법 및 경영정보의 제공
⑤ **상업용 건축물 및 주택**의 분양대행
⑥ 중개의뢰인의 의뢰에 따른 도배·이사업체의 소개 등 주거 이전에 부수되는 용역의 **알선**
⑦ 「민사집행법」에 의한 **경매** 및 「국세징수법」 그 밖의 법령에 의한 공매대상 부동산에 대한 권리분석 및 취득의 알선과 매수신청 또는 입찰신청의 **대리**. 단, 개업공인중개사가 「민사집행법」에 의한 경매대상 부동산의 매수신청 또는 입찰신청의 대리를 하고자 하는 때에는 대법원규칙이 정하는 요건을 갖추어 법원에 등록을 하고 그 감독을 받아야 한다.

> ⇨ 개인인 개업공인중개사(공인중개사인 개업공인중개사와 중개인)는 다른 법률에 특별한 제한이 없으면 모든 업무를 다 할 수 있다.
> ⇨ 법인인 개업공인중개사가 할 수 있는 이와 같은 업무는 중개에는 해당되지 않는다(①은 제외).
> - 중개보수가 적용되지 않고, 보수는 약정에 의하여 자유롭게 받는다.
> - 이와 같은 업무를 하기 위하여 등록을 요하지 않는다.
> - 그 밖의 공인중개사법령이 적용되지 않는다.
> ⇨ 법인인 개업공인중개사가 업무범위에 위반하면 **상대적 취소사유**에 해당된다.

3. 업무지역의 범위 - 제한 없음, 단 중개인 제외

4. 중개대상물의 범위 - 제한 없음

■ 문제

기출1. 공인중개사법령상 법인인 개업공인중개사의 업무범위에 해당하지 않는 것은?
(단, 다른 법령의 규정은 고려하지 않음)

① 주택의 임대관리
② 부동산 개발에 관한 상담 및 주택의 분양대행
③ 개업공인중개사를 대상으로 한 공제업무의 대행
④ 「국세징수법」상 공매대상 부동산에 대한 취득의 알선
⑤ 중개의뢰인의 의뢰에 따른 이사업체의 소개

---

01 **공인중개사법령상 법인인 개업공인중개사의 업무범위에 대한 기술 중 옳은 것은?**
(단, 다른 법령의 규정은 고려하지 않음)

① 법인인 개업공인중개사가 상업용 건축물 및 주택에 대한 임대업을 할 수 있다.
② 법인인 개업공인중개사가 부동산의 개발에 대한 상담을 할 수 있다.
③ 법인인 개업공인중개사는 공인중개사를 대상으로 중개업의 경영정보 및 경영기법의 제공을 할 수 있다.
④ 법인인 개업공인중개사는 토지의 분양대행을 할 수 있다.
⑤ 법인인 개업공인중개사는 중개업에 부수되는 도배 및 이사업체를 운영할 수 있다.

02 **공인중개사법령상 법인인 개업공인중개사의 업무범위에 대한 기술 중 옳은 것은?**
(단, 다른 법령의 규정은 고려하지 않음)

① 의뢰인에게 경매대상 부동산을 취득시키기 위하여 개업공인중개사가 자신의 이름으로 직접 매수신청을 하는 행위를 할 수 있다.
② 공인중개사인 개업공인중개사는 공인중개사법령 및 다른 법령에서 제한하지 않는 업무를 겸업할 수 있다.
③ 법인이 아닌 모든 개업공인중개사는 법인인 개업공인중개사에게 허용된 겸업업무를 모두 영위할 수 있다.
④ 법인인 개업공인중개사가 경매 부동산의 권리분석이나 취득의 알선만을 하고자 하는 경우에도 지방법원에 등록하고 하여야 한다.
⑤ 대법원규칙이 정하는 요건을 갖춘 경우, 법원에 등록하지 않고 경매대상 부동산의 매수신청 대리를 할 수 있다.

03 다음 중 개업공인중개사의 업무범위에 대한 기술 중 옳은 것은 모두 고른 것은? (다른 법률에 따라 중개업을 할 수 있는 경우는 제외함)

> ㉠ 법인인 개업공인중개사가 분양대행과 관련하여 교부받은 금원에 대하여도 중개보수가 적용된다.
> ㉡ 법인인 개업공인중개사가 업무범위에 위반한 경우에 등록관청은 중개사무소 개설등록을 취소할 수 있다.
> ㉢ 다른 법률에 의해 중개업을 할 수 있는 경우를 제외하고는 개업공인중개사의 종별에 관계없이 중개대상물의 범위가 같다.

① ㉠   ② ㉡
③ ㉠, ㉡   ④ ㉡, ㉢
⑤ ㉠, ㉡, ㉢

테마 10. 개업공인중개사의 고용인(1문제)

1. 의 의

구 분		개업공인중개사의 고용인	
		소속 공인중개사	중개보조원
차이점	자격유무	○	×
	업무범위	중개업무 수행과 보조	중개업무 보조
	서명 · 날인의무	○	×
	인장등록의무	○	×
	부동산거래신고서의 제출대리	○	×
	실무교육대상자	○	×(직무교육대상자)
	개공사의 고용인 수 제한	×	○(아래주의)
같은점	고용 · 해고시의 신고의무	고용시는 업무개시 전, 해고시는 10일 이내에 신고	
	결격사유	적용(개업공인중개사는 2월 이내에 해소의무)	
	금지행위	적용	
	비밀준수의무	적용	

• 개업공인중개사가 고용할 수 있는 중개보조원의 수는 개업공인중개사와 소속 공인중개사를 합한 수의 5배수를 초과하여서는 아니된다.

⇨ **1/1, 절대적 취소사유**

• 중개보조원의 고지의무

중개보조원이 현장안내 등 중개업무를 보조하는 경우 중개의뢰인에게 본인이 중개보조원이라는 사실을 미리 알려야 한다.

⇨ **위반시 개업공인중개사와 중개보조원 모두 500만원 이하의 과태료**

단, 개업공인중개사가 그 위반행위를 방지하기 위하여 해당 업무에 관하여 상당한 주의와 감독을 게을리하지 아니한 경우는 제외한다.

2. 고용인의 업무상 행위에 대한 개업공인중개사의 책임

⇨ **고용인의 업무상 행위는 그를 고용한 개업공인중개사의 행위로 본다.**

고용인의 업무상 행위에 대한 책임	개업공인중개사의 책임	책임의 특성
민사책임	민사책임	연대책임
형사책임	동조의 벌금형(법정형 동일)	양벌규정(법 제50조)
행정상 책임(고용인은 책임 불가)	행정상 책임	대신책임

▶ 고용인의 업무상 행위로 그를 고용한 개업공인중개사가 **양벌규정에 의하여** 벌금 300만원 이상의 형을 선고받은 경우에는 개업공인중개사 등의 결격사유에 해당되지 아니하여 절대적 취소사유에 해당되는 것은 아니다.

▶ 개업공인중개사인 법인의 임원·종업원이나 개업공인중개사가 고용한 공인중개사 및 중개보조원이 중개업무에 관하여 법 제38조의 규정에 해당하는 위반행위(행정형 벌)를 한 때에는 그 행위자를 벌하는 외에 그 개업공인중개사에 대하여도 동조에 규정된 **벌금형**을 과한다. 다만, 그 개업공인중개사가 그 위반행위를 방지하기 위하여 해당 업무에 관하여 상당한 주의와 감독을 게을리하지 아니한 경우에는 **그러하지 아니하다.**

문제

기출1. 공인중개사법령상 개업공인중개사의 고용인에 관한 설명으로 옳은 것은?

① 중개보조원의 업무상 행위는 그를 고용한 개업공인중개사의 행위로 보지 아니한다.

② 소속공인중개사를 고용하려는 개업공인중개사는 고용 전에 미리 등록관청에 신고해야 한다.

③ 개업공인중개사는 중개보조원과의 고용관계가 종료된 때에는 고용관계가 종료된 날부터 10일 이내에 등록관청에 신고하여야 한다.

④ 개업공인중개사가 소속공인중개사의 고용신고를 할 때에는 해당 소속공인중개사의 실무교육 수료확인증을 제출하여야 한다.

⑤ 개업공인중개사는 외국인을 중개보조원으로 고용할 수 없다.

---

01 **공인중개사법령상 개업공인중개사의 고용인에 대한 기술 중 옳은 것은?**

① 개업공인중개사가 소속 공인중개사 또는 중개보조원을 고용한 때에는 10일 이내에 등록관청에 신고하여야 한다.

② 중개보조원이 중개의뢰인에게 현장안내를 하는 경우에는 자기가 중개보조원임을 명시해야 하며, 위반한 경우에는 중개보조원과 그를 고용한 개업공인중개사 모두 100만원 이하의 과태료처분사유에 해당된다.

③ 개업공인중개사가 중개보조원과 고용관계가 종료한 때에는 국토교통부령이 정하는 바에 따라 등록관청에 신고해야 한다.

④ 개업공인중개사가 고용할 수 있는 중개보조원 수는 개업공인중개사와 소속공인중개사를 합한 수의 3배수를 초과할 수 없다.

⑤ 위 ④에 위반한 경우에는 3년 이하의 징역이나 3천만원 이하의 벌금에 처한다.

02 공인중개사법령상 개업공인중개사의 고용인에 대한 기술 중 틀린 것은?

① 개업공인중개사가 법령이 규정하는 중개보조원 수를 초과하여 고용한 경우에는 절대적 취소사유에 해당된다.

② 개업공인중개사가 고용인의 위반행위를 방지하기 위하여 해당 업무에 관하여 상당한 주의와 감독을 게을리하지 않은 경우에 개업공인중개사에게는 손해배상책임을 물을 수 없다.

③ 중개보조원의 업무상 과실로 인한 불법행위로 의뢰인에게 손해를 입힌 경우 개업공인중개사가 손해배상책임을 지고 중개보조원은 그 책임을 지지 않는다는 취지의 규정은 아니다.

④ 고용인의 업무상 행위에 대하여 개업공인중개사가 중개의뢰인에게 손해배상을 한 경우에 개업공인중개사는 고용인에게 구상권을 행사할 수 있다.

⑤ 중개보조원의 행위가 이 법령을 위반하여 업무정지처분의 사유에 해당하더라도 업무정지처분은 개업공인중개사만 받는다.

03 개업공인중개사 甲의 소속공인중개사 乙이 중개업무를 하면서 중개대상물의 거래상 중요사항에 관하여 거짓된 언행으로 중개의뢰인 丙의 판단을 그르치게 하여 재산상 손해를 입혔다. 공인중개사법령에 관한 설명으로 틀린 것은?

① 乙의 행위는 공인중개사 자격정지사유에 해당한다.

② 乙은 1년 이하의 징역 또는 1천만원 이하의 벌금에 처한다.

③ 등록관청은 甲의 중개사무소 개설등록을 취소하여야 한다.

④ 乙이 징역 또는 벌금형을 선고받은 경우 甲은 乙의 위반행위 방지를 위한 상당한 주의·감독을 게을리하지 않았다면 벌금형으로 처벌받지 않는다.

⑤ 丙은 甲에게 손해배상을 청구할 수 있다.

테마 11. 인장등록(1문제)

1. 인장등록의 시기

업무개시 전까지 등록관청에 등록, 단 **중개사무소 개설등록신청**이나 소속공인중개사 · 중개보조원에 대한 **고용신고**와 같이 할 수 있다.

2. 등록할 인장 및 등록절차

구 분		등록할 인장	등록장소	등록절차
법인인 개업 공인 중개사	주된 사무소	상업등기규칙에 의하여 신고한 **법인의 인장**	(주)등록관청	인감증명서 제출로 등록에 갈음
	분사무소	상업등기규칙에 의하여 신고한 법인의 인장	**(주)등록관청**	
		상업등기규칙에 의하여 대표자가 보증하는 인장		
개인인 개업공인중개사		가족관계등록부나 주민등록표에 기재되어 있는 성명이 나타난 인장으로서 그 크기가 가로 · 세로 각각 7밀리미터 이상 30밀리미터 이내인 인장	등록관청	인장등록 신고서 제출
소속 공인중개사			(개공사) 등록관청	

3. 인장의 변경

개업공인중개사 및 소속 공인중개사가 등록한 인장을 변경한 경우에는 **7일 이내**에 그 변경된 인장을 등록관청에 등록하여야 하며, 등록인장변경신고서를 제출하여야 한다.

4. 등록된 인장의 사용

개업공인중개사 및 소속공인중개사는 중개행위를 함에 있어서는 등록한 인장을 사용하여야 한다.

▌개업공인중개사의 서명 및 날인과 서명 또는 날인

서명 및 날인 ⇨ 거래계약서와 중개대상물 확인 · 설명서
　　　　　⇨ 업무를 수행한 공인중개사 함께 서명 및 날인 ○
서명 or 날인 ⇨ 나머지 서식(전속중개계약서, 부동산거래계약신고서 등)
　　　　　⇨ 업무를 수행한 공인중개사 함께 서명 or 날인 ×

5. 위반에 대한 제재

(1) **개업공인중개사** - 업무정지

(2) **소속 공인중개사** - 자격정지

▌**문제**

기출1. 공인중개사법령상 인장등록 등에 관한 설명으로 틀린 것은?

① 개업공인중개사는 중개사무소 개설등록 후에도 업무를 개시하기 전이라면 중개행위에 사용할 인장을 등록할 수 있다.

② 소속공인중개사의 인장등록은 소속공인중개사에 대한 고용신고와 같이 할 수 있다.

③ 분사무소에서 사용할 인장의 경우에는 「상업등기규칙」에 따라 법인의 대표자가 보증하는 인장을 등록할 수 있다.

④ 소속공인중개사가 등록하여야 할 인장의 크기는 가로·세로 각각 7밀리미터 이상 30밀리미터 이내이어야 한다.

⑤ 소속공인중개사가 등록한 인장을 변경한 경우에는 변경일부터 10일 이내에 그 변경된 인장을 등록해야 한다.

---

01 **공인중개사법령상 개업공인중개사의 인장등록에 대한 기술 중 옳은 것은?**

① 인장등록은 전자문서에 의하여도 할 수 있다.

② 소속공인중개사는 업무 개시일부터 7일 이내에 중개행위에 사용할 인장을 등록관청에 등록해야 한다.

③ 법인인 개업공인중개사의 경우 등록할 인장은 법인 대표자의 인장이어야 한다.

④ 법인인 개업공인중개사의 주된 사무소에서 등록할 인장은 「상업등기규칙」에 따라 법인의 대표자가 보증하는 인장이어야 한다.

⑤ 법인인 개업공인중개사의 분사무소에서 등록할 인장은 「상업등기규칙」에 따라 신고한 법인의 인장으로만 등록해야 한다.

02 공인중개사법령상 개업공인중개사의 인장등록에 대한 기술 중 틀린 것은?

① 개업공인중개사 및 소속공인중개사는 업무를 개시하기 전에 중개행위에 사용할 인장을 등록관청에 등록하여야 하며, 중개사무소 개설등록이나 고용인 고용신고시에 같이 할 수 있다.

② 법인의 분사무소에 소속된 공인중개사는 상업등기처리규칙에 의하여 대표자가 보증하는 인장을 주된 사무소 등록관청에 등록할 수 있다.

③ 개인인 개업공인중개사와 소속 공인중개사는 그 크기가 가로·세로 각각 7밀리미터 이상 30밀리미터 이내인 인장을 등록하여야 한다.

④ 개업공인중개사가 거래계약서에 등록하지 않은 인장을 날인하였다고 하더라도 계약서의 효력에 영향이 있는 것은 아니다.

⑤ 등록한 인장을 변경한 경우에는 개업공인중개사 및 소속공인중개사는 변경일부터 7일 이내에 그 변경된 인장을 등록관청에 등록하여야 한다.

03 공인중개사법령상 개업공인중개사의 인장등록에 대한 기술 중 틀린 것은?

① 개업공인중개사는 거래계약서와 중개대상물 확인·설명서에 서명 및 날인하여야 한다.

② 법인의 분사무소는 분사무소 소재지 등록관청에 인장을 등록하여야 한다.

③ 법인인 개업공인중개사의 경우 등록할 인장은 「상업등기규칙」에 따라 신고한 법인의 인장이어야 한다.

④ 법인인 개업공인중개사의 인장등록은 「상업등기규칙」에 따른 인감증명서의 제출로 갈음한다.

⑤ 개업공인중개사가 등록한 인장을 변경한 경우, 변경일부터 7일 이내에 그 변경된 인장을 등록관청에 등록하지 않으면 이는 업무정지사유에 해당한다.

테마 12. 휴업과 폐업(1문제)

1. 휴업 · 폐업신고

(1) **사전신고**

개업공인중개사는 3개월을 초과하는 휴업(중개사무소의 개설등록 후 업무를 개시하지 아니하는 경우를 포함한다), 폐업, 휴업한 중개업의 재개 또는 휴업기간의 변경을 **하고자 하는 때에는** 신고서에 중개사무소등록증을 첨부(휴업 또는 폐업의 경우에 한한다)하여 등록관청에 **미리 신고(부동산중개업재개 · 휴업기간 변경신고의 경우에는 전자문서에 의한 신고를 포함한다)하여야 한다.** 법인인 개업공인중개사의 분사무소의 경우에도 또한 같다.

(2) **통합신고**

중개업의 휴 · 폐업신고는 사업자 등록의 휴 · 폐업신고와 등록관청이나 세무서장에게 같이 신고할 수 있다.

2. 휴업기간

휴업은 6개월을 초과할 수 없다. 다만, 질병으로 인한 요양 등 대통령령이 정하는 부득이한 사유가 있는 경우에는 그러하지 아니하다.

(1) **질병으로 인한 요양**

(2) **징집으로 인한 입영**

(3) **취학**

(4) **임신 또는 출산**

(5) **그 밖에 이에 준하는 부득이한 사유**

3. 재개업

등록관청은 반납을 받은 중개사무소등록증을 즉시 반환하여야 한다.

4. 통보사항

다음달 10일까지 공인중개사협회에 통보하여야 한다.

5. 위반에 대한 제재

개업공인중개사가 계속하여 6개월을 초과하여 휴업한 경우에 등록관청은 그의 중개사무소 개설등록을 취소할 수 있고, 휴업, 폐업, 휴업한 중개업의 재개 또는 휴업기간의 변경신고를 하지 아니한 자는 100만원 이하의 과태료처분사유에 해당된다.

▌휴업과 업무정지처분의 공통점과 차이점

구 분	내 용	휴업기간 중	업무정지처분기간 중
차이점	폐업 후 신규등록	가능(**예외**: 중개인)	불가능
	기간중 업무재개	신고하고 가능	불가능
	기간만료에 의한 재개업	신고	신고의무 없음
	등록증 반환여부	반환	규정없음
	중개사무소 공동사용	가능	불가능
공통점	등록은 ○	1. 중개사무소를 두어야 한다. 2. 중개사무소를 이전할 수 있다. 3. 이중등록과 이중소속이 금지된다.	
	업무는 ×	1. 등록관청은 협회에 다음달 10일까지 통보해야 한다. 2. 업무보증을 설정하지 않아도 된다.	

▌문제

기출1. 공인중개사법령상 개업공인중개사의 부동산중개업 휴업 또는 폐업에 관한 설명으로 옳은 것을 모두 고른 것은?

> ㉠ 분사무소의 폐업신고를 하는 경우 분사무소설치신고확인서를 첨부해야 한다.
> ㉡ 임신은 6개월을 초과하여 휴업할 수 있는 사유에 해당한다.
> ㉢ 업무정지처분을 받고 부동산중개업 폐업신고를 한 개업공인중개사는 업무정지기간이 지나지 아니하더라도 중개사무소 개설등록을 할 수 있다.

① ㉡   ② ㉠, ㉡   ③ ㉠, ㉢
④ ㉡, ㉢   ⑤ ㉠, ㉡, ㉢

01 공인중개사법령상 개업공인중개사의 휴업과 폐업신고에 대한 기술 중 옳은 것은?

① 중개업의 휴업·폐업 신고는 직접 방문 외에 전자문서로 할 수 있다.

② 휴업기간의 변경신고를 할 경우 중개사무소등록증을 첨부해야 한다.

③ 중개업의 휴·폐업신고는 사업자등록의 휴·폐업신고와 등록관청이나 세무서장에게 같이 신고할 수 있다.

④ 질병 요양을 위한 6개월을 초과하는 휴업을 하고자 하는 경우에는 신고하지 않아도 된다.

⑤ 개업공인중개사가 폐업사실을 신고한 경우에는 10일 이내에 사무소의 간판을 철거하여야 한다.

02 공인중개사법령상 개업공인중개사의 휴업과 폐업신고에 대한 기술 중 틀린 것은?

① 개업공인중개사가 신고한 휴업기간을 변경하고자 하는 경우에도 미리 신고해야 하며, 전자문서에 의한 신고도 가능하다.

② 법인인 개업공인중개사는 주된 사무소와 별개로 분사무소만의 휴업도 가능하다.

③ 휴업은 6개월을 초과할 수 없으나, 임신 또는 출산 등의 경우에는 6개월을 초과하여 휴업할 수 있다.

④ 개업공인중개사가 휴업을 하는 경우, 질병으로 인한 요양 등 대통령령이 정하는 부득이한 사유가 있는 경우를 제외하고는 3개월을 초과할 수 없다.

⑤ 중개사무소의 개설등록 후 3개월을 초과하여 업무를 개시하지 아니하고자 할 때에는 등록관청에 미리 신고해야 한다.

03 공인중개사법령상 개업공인중개사의 휴업과 폐업신고에 대한 기술 중 옳은 것은?

① 휴업기간을 변경하고자 하는 경우에는 1회에 한하여 6개월의 범위 내에서 할 수 있다.

② 휴업기간 중에 있는 개업공인중개사는 다른 개업공인중개사인 법인의 사원 이 될 수 있다.

③ 휴업기간 중이라고 하더라도 중개사무소는 두어야 한다.

④ 휴업한 개업공인중개사가 휴업기간 만료 후 중개업의 재개신고를 하지 않으 면 벌금형에 한다.

⑤ 개업공인중개사가 3개월을 초과하는 휴업을 하면서 휴업신고를 하지 않은 경우에는 500만원 이하의 과태료를 부과한다.

테마 13. 일반 · 전속중개계약(2문제)

1. 전속중개계약의 의의

중개의뢰인은 중개대상물의 중개를 의뢰함에 있어서 특정한 개업공인중개사를 정하여 그 개업공인중개사에 한하여 당해 중개대상물을 중개하도록 하는 **계약을 체결할 수 있다.** 이를 전속중개계약이라 한다.

2. 전속중개계약에 따른 개업공인중개사의 의무

⑴ **전속중개계약서 사용 의무** : 전속중개계약은 전속중개계약서에 의하여야 하며, 개업공인중개사는 전속중개계약을 체결한 때에는 당해 전속중개계약서를 **3년** 동안 보존하여야 한다.

▌일반중개계약서와 전속중개계약서의 비교

구 분	일반중개계약서	전속중개계약서	거래계약서
사용시점	중개계약시	중개계약시(전속중개계약)	거래계약 체결시
계약당사자	개업공인중개사와 의뢰인	개업공인중개사와 의뢰인	양 의뢰인
서 식	시행규칙 별지서식	시행규칙 별지서식	국토교통부장관이 정한 표준서식(임의사항)
사용의무	권장사항	강제사항	권장사항
미사용에 대한 제재	없음	업무정지처분사유	없음
보관의무	규정 없음	3년	5년
교부의무	의뢰인 일방 (일반중개계약시)	의뢰인 일방 (전속중개계약시)	거래당사자 쌍방

⑵ **정보공개의무** : 개업공인중개사는 전속중개계약을 체결한 때에는 **7일** 이내에 부동산거래정보망 **또는** 일간신문에 당해 중개대상물에 관한 정보를 공개하여야 한다. **다만, 중개의뢰인이 비공개를 요청한 경우에는 이를 공개하여서는 아니 된다.** 전속중개계약을 체결한 개업공인중개사가 공개하여야 할 중개대상물에 관한 정보의 내용은 다음과 같다.

① 중개대상물의 종류, 소재지, 지목 및 면적, 건축물의 용도 · 구조 및 건축연도 등 중개대상물을 특정하기 위하여 필요한 사항
② 벽면 및 도배의 상태

③ 수도 · 전기 · 가스 · 소방 · 열공급 · 승강기 설비, 오수 · 폐수 · 쓰레기 처리시설 등의 상태

④ 도로 및 대중교통수단과의 연계성, 시장 · 학교 등과의 근접성, 지형 등 입지조건, 일조(日照) · 소음 · 진동 등 환경조건

⑤ 소유권 · 전세권 · 저당권 · 지상권 및 임차권 등 중개대상물의 권리관계에 관한 사항. **다만, 각 권리자의 주소 · 성명 등 인적 사항에 관한 정보는 공개하여서는 아니 된다.**

⑥ 공법상의 이용제한 및 거래규제에 관한 사항

⑦ 중개대상물의 거래예정금액 및 공시지가. **다만, 임대차의 경우에는 공시지가를 공개하지 아니할 수 있다.**

⑶ **업무처리상황의 통보의무** : 전속중개계약을 체결한 개업공인중개사는 2주일에 1회 이상 업무처리상황을 문서로 통지하여야 한다.

⑷ **중개대상물 확인 · 설명의무를 성실히 이행**

3. 전속중개계약에 따른 의뢰인의 의무

⑴ **전속중개계약위반에 대한 위약금 지급의무** : 전속중개계약의 유효기간 내에 전속중개계약을 체결한 개업공인중개사 외의 개업공인중개사에게 중개를 의뢰하여 거래한 경우와, 전속중개계약의 유효기간 내에 전속중개계약을 체결한 개업공인중개사의 소개로 알게 된 상대방과 전속중개계약을 체결한 개업공인중개사를 배제하여 거래한 경우 의뢰인은 **그가 지불하여야 할 중개보수를 위약금으로 지불하여야 한다.**

⑵ **개업공인중개사의 지출비용 지불의무** : 전속중개계약의 유효기간 내에 의뢰인이 스스로 발견한 제3자와 직접 거래계약을 체결했을 경우 의뢰인은 **그가 지불하여야 할 중개보수의 50%의 범위 내에서 개업공인중개사가 지출한 비용을 지불하여야 한다.**

4. 전속중개계약의 유효기간

전속중개계약의 유효기간은 3개월로 한다. **다만, 전속중개계약서상에 당사자간에 다른 약정이 있는 경우에는 그 약정에 따른다.**

5. 위반시의 제재

전속중개계약을 체결한 개업공인중개사가 중개대상물의 정보공개의무를 위반한 경우에는 상대적 취소사유에 해당되며, 전속중개계약서를 사용하지 않고 전속중개계약을 맺거나 전속중개계약서를 3년간 보존하지 않은 경우는 업무정지처분사유에 해당된다.

문제

기출1. 공인중개사법령상 중개의뢰인 甲과 개업공인중개사 乙의 중개계약에 관한 설명으로 옳은 것은?

① 甲의 요청에 따라 乙이 일반중개계약서를 작성한 경우 그 계약서를 3년간 보존해야 한다.

② 일반중개계약은 표준이 되는 서식이 정해져 있다.

③ 전속중개계약은 법령이 정하는 계약서에 의하여야 하며, 乙이 서명 및 날인하되 소속공인중개사가 있는 경우 소속공인중개사가 함께 서명 및 날인해야 한다.

④ 전속중개계약의 유효기간은 甲과 乙이 별도로 정하더라도 3개월을 초과할 수 없다.

⑤ 전속중개계약을 체결한 甲이 그 유효기간 내에 스스로 발견한 상대방과 거래한 경우 중개보수에 해당하는 금액을 乙에게 위약금으로 지급해야 한다.

기출2. 공인중개사법령상 '중개대상물의 확인·설명사항'과 '전속중개계약에 따라 부동산거래정보망에 공개해야 할 중개대상물에 관한 정보'에 공통으로 규정된 것을 모두 고른 것은?

> ㉠ 공법상의 거래규제에 관한 사항
> ㉡ 벽면 및 도배의 상태
> ㉢ 일조·소음의 환경조건
> ㉣ 취득시 부담해야 할 조세의 종류와 세율

① ㉠, ㉡   ② ㉢, ㉣   ③ ㉠, ㉡, ㉢
④ ㉡, ㉢, ㉣   ⑤ ㉠, ㉡, ㉢, ㉣

01 공인중개사법령상 일반중개계약에 관한 기술 중 옳은 것은?

① 국토교통부장관은 일반중개계약의 표준이 되는 서식을 정하여 그 사용을 강제할 수 있다.

② 일반중개계약서는 국토교통부장관이 정한 표준이 되는 서식을 사용해야 한다.

③ 일반중개계약의 형태로 매수의뢰를 받은 개업공인중개사는 일반중개계약서를 작성하는 경우에 소유자 및 등기명의인을 기재해야 한다.

④ 일반중개계약의 형태로 매도의뢰를 받은 개업공인중개사는 일반중개계약서를 작성하는 경우에 희망지역을 기재해야 한다.

⑤ 중개의뢰인은 동일한 내용의 일반중개계약을 다수의 개업공인중개사와 체결할 수 있다.

02 공인중개사법령상 일반중개계약서와 전속중개계약서의 서식에 공통으로 기재된 사항이 아닌 것은?

① 첨부서류로서 중개보수 요율표

② 계약의 유효기간

③ 개업공인중개사의 중개업무 처리상황에 대한 통지의무

④ 중개대상물의 확인·설명에 관한 사항

⑤ 개업공인중개사가 중개보수를 과다 수령한 경우 차액 환급

03 공인중개사법령상 일반중개계약에 관한 기술 중 틀린 것은?

① 중개의뢰인은 중개의뢰내용을 명확하게 하기 위하여 필요한 경우에는 개업공인중개사에게 일반중개계약서의 작성을 요청할 수 있다.

② 개업공인중개사가 일반중개계약을 체결한 때에는 부동산거래정보망 등에 중개대상물에 관한 정보를 공개해야 한다.

③ 부동산중개계약은 민법상 위임계약과 유사하다.

④ 일반중개계약서의 보관의무에 관한 규정은 없다.

⑤ 시행규칙 별지서식에서는 일반중개계약서 서식을 규정하고 있다.

04 **공인중개사법령상 전속중개계약에 관한 기술 중 틀린 것은?**

① 전속중개계약은 국토교통부령이 정하는 계약서에 의해야 한다.

② 전속중개계약에 정하지 않은 사항에 대하여는 중개의뢰인과 개업공인중개사가 합의하여 별도로 정할 수 있다.

③ 개업공인중개사가 전속중개계약서를 보존해야 하는 기간은 3년이다.

④ 전속중개계약을 체결한 개업공인중개사는 7일 이내에 부동산거래정보망 또는 일간신문에 중개대상물에 관한 정보를 공개하여야 한다.

⑤ 전속중개계약을 체결한 중개의뢰인이 그 유효기간 내에 스스로 발견한 제3자와 직접 매매계약을 체결한 경우 그 매매계약은 무효가 된다.

05 **공인중개사법령상 전속중개계약에 관한 기술 중 옳은 것은?**

① 전속중개계약을 체결한 개업공인중개사가 전속중개계약서를 작성하여 중개의뢰인에게 교부하지 않은 경우에 등록관청은 중개사무소 개설등록을 취소할 수 있다.

② 소속공인중개사가 중개의뢰를 접수하여 그 중개업무를 수행한 경우 이 법 시행규칙 별지서식 중개계약서에는 개업공인중개사와 소속공인중개사가 함께 서명 또는 날인하도록 하고 있다.

③ 전속중개계약의 유효기간은 3개월로 한다. 이는 개업공인중개사와 중개의뢰인간의 합의로 연장할 수는 있으나, 단축할 수는 없다.

④ 전속중개계약의 유효기간 내에 의뢰인이 스스로 발견한 제3자와 직접 거래계약을 체결했을 경우에 중개의뢰인은 그가 지불하여야 할 중개보수를 위약금으로 지불하여야 한다.

⑤ 전속중개계약을 체결한 개업공인중개사는 중개의뢰인에게 2주일에 1회 이상 업무처리상황을 문서로써 통지하여야 한다.

06 공인중개사법령상 전속중개계약을 체결한 개업공인중개사와 중개의뢰인의 의무에 대한 기술 중 옳은 것은?

① 전속중개계약을 체결한 개업공인중개사가 중개대상물을 부동산거래정보망 등에 공개하는 경우에 권리자의 주소·성명 등 인적사항에 관한 정보도 공개해야 한다.

② 전속중개계약을 체결한 개업공인중개사가 중개대상물을 부동산거래정보망 등에 공개하는 경우에 임대차인 경우의 공시지가는 공개하여서는 아니된다.

③ 전속중개계약을 체결한 중개의뢰인은 개업공인중개사가 중개대상물을 부동산거래정보망 등에 공개하는 경우에 비공개를 요청할 수는 없다.

④ 중개의뢰인이 전속중개계약을 체결하고 전속중개계약의 유효기간 내에 전속중개계약을 체결한 개업공인중개사 외의 개업공인중개사에게 중개를 의뢰하여 거래한 경우에 중개의뢰인은 그가 지불하여야 할 중개보수의 50%의 범위 내에서 개업공인중개사가 지출한 비용을 지불하여야 한다.

⑤ 개업공인중개사가 전속중개계약을 체결하고 중개의뢰인의 비공개 요청에도 불구하고 정보를 공개한 경우에 등록관청은 중개사무소 개설등록을 취소할 수 있다.

07 중개의뢰인 乙은 개업공인중개사 甲의 중개에 의해서만 거래계약을 체결하겠다는 약정을 하고 甲은 전속중개계약서를 작성하여 을에게 교부하였다. 요율에 의한 중개보수는 100만원이나 전속중개계약서상의 중개보수는 160만원으로 약정하였다. 그러나 乙이 스스로 발견한 제3자와 직접 거래계약을 체결한 경우에 乙은 甲에게 얼마를 지불하여야 하는가? (개업공인중개사는 당해 중개대상물의 중개를 위하여 70만원을 지출하였다)

① 160만원
② 100만원
③ 80만원
④ 70만원
⑤ 50만원

테마 14. 부동산거래정보망(1문제)

1. 의 의
국토교통부장관은 **개업공인중개사 상호간에** 부동산매매 등에 관한 정보의 공개와 유통을 촉진하고 공정한 부동산거래질서를 확립하기 위하여 부동산거래정보망을 설치 · 운영할 자를 지정할 수 있다.

2. 거래정보사업자의 지정요건
(1) 부동산거래정보망의 가입 · 이용신청을 한 개업공인중개사의 수가 **500명** 이상이고 2개 이상의 특별시 · 광역시 및 도에서 각각 30인 이상의 개업공인중개사가 가입 · 이용신청을 하였을 것
(2) **정보처리기사 1인** 이상을 확보할 것
(3) **공인중개사 1인** 이상을 확보할 것
(4) 부동산거래정보망의 가입자가 이용하는데 지장이 없는 정도로서 국토교통부장관이 정하는 용량 및 성능을 갖춘 컴퓨터설비를 확보할 것

3. 거래정보사업자의 지정절차

(1) **지정신청** : 거래정보사업자 지정신청서에 다음의 서류를 첨부하여 국토교통부장관에게 제출하여야 한다. 단, 담당 공무원은 행정정보의 공동이용을 통하여 법인등기사항증명서(신청인이 법인인 경우에 한한다)을 확인하여야 하며, 신청인이 확인에 동의하지 아니하는 경우에는 해당서류를 첨부하도록 하여야 한다.
　① ② ③ ④ - 요건을 구비하고 있음을 입증하는 서면
　⑤ 「전기통신사업법」에 따라 부가통신사업신고서를 제출하였음을 확인할 수 있는 서류
(2) **지정처분** : 국토교통부장관은 지정신청을 받은 때에는 지정신청을 받은 날부터 30일 이내에 지정처분을 하고 지정서를 교부하여야 한다.
(3) **운영규정의 작성 · 승인** : 거래정보사업자는 지정받은 날부터 **3개월** 이내에 운영규정을 정하여 국토교통부장관의 승인을 얻어야 한다. 이를 변경하고자 하는 때에도 또한 같다.

4. 부동산거래정보망의 운영

5. 부동산거래정보망을 이용한 거래계약체결

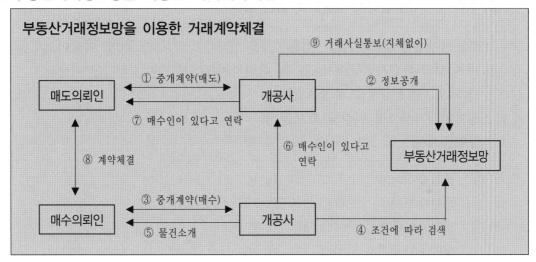

6. 거래정보사업자에 대한 제재

① 지정취소 - 국토교통부장관은 거래정보사업자가 다음 각 호의 어느 하나에 해당하는 경우에는 그 지정을 취소할 수 있다. 국토교통부장관은 ㉠ **내지** ㉣ **의 규정에 의하여 거래정보사업자 지정을 취소하고자 하는 경우에는 청문을 실시하여야 한다.**

㉠ 거짓 그 밖의 부정한 방법으로 지정을 받은 경우

㉡ 거래정보사업자가 지정받은 날부터 3월 이내에 운영규정을 정하여 국토교통부장관의 승인을 얻지 않았거나, 변경승인을 받지 아니하거나 운영규정에 위반하여 부동산거래정보망을 운영한 경우

  ⇨ **500만원 이하의 과태료처분**

㉢ 거래정보사업자는 개업공인중개사로부터 공개를 의뢰받은 않은 중개대상물의 정보를 부동산거래정보망에 공개하거나, 의뢰받은 내용과 다르게 정보를 공개하거나 어떠한 방법으로든지 개업공인중개사에 따라 정보가 차별적으로 공개되도록 한 경우

  ⇨ **1년 이하의 징역이나 또는 1,000만원 이하의 벌금**

㉣ 정당한 사유 없이 지정받은 날부터 **1년 이내에** 부동산거래정보망을 설치·운영하지 아니한 경우

㉤ 개인인 거래정보사업자의 **사망** 또는 법인인 거래정보사업자의 **해산** 그 밖의 사유로 부동산거래정보망의 계속적인 운영이 불가능한 경우

▌문제

기출1. 공인중개사법령상 부동산거래정보망을 설치·운영할 자로 지정받기 위한 요건의 일부이다. ( )에 들어갈 내용으로 옳은 것은?

- 부동산거래정보망의 가입·이용신청을 한 (㉠)의 수가 500명 이상이고 (㉡) 개 이상의 특별시·광역시·도 및 특별자치도에서 각각 (㉢)인 이상의 (㉠) 가 가입·이용신청을 하였을 것
- 정보처리기사 1명 이상을 확보할 것
- 공인중개사 (㉣)명 이상을 확보할 것

① ㉠: 공인중개사,   ㉡: 2, ㉢: 20, ㉣: 1
② ㉠: 공인중개사,   ㉡: 3, ㉢: 20, ㉣: 3
③ ㉠: 개업공인중개사, ㉡: 2, ㉢: 20, ㉣: 3
④ ㉠: 개업공인중개사, ㉡: 2, ㉢: 30, ㉣: 1
⑤ ㉠: 개업공인중개사, ㉡: 3, ㉢: 30, ㉣: 1

---

01 **다음 중 부동산거래정보망에 관한 기술 중 옳은 것은?**

① 부동산거래정보망은 개업공인중개사 상호간에 부동산매매 등에 관한 정보의 공개와 유통을 촉진하고 공정한 부동산 거래질서를 확립하기 위한 것이다.

② 거래정보사업자는 개업공인중개사로부터 의뢰받은 중개대상물의 정보뿐만 아니라 의뢰인의 이익을 위해 직접 조사한 중개대상물의 정보도 부동산거래 정보망에 공개할 수 있다.

③ 법인인 개업공인중개사는 거래정보사업자로 지정받을 수 있다.

④ 부동산거래정보망을 설치·운영할 자로 지정받으려면 가입한 개업공인중개사가 보유하고 있는 주된 컴퓨터의 용량 및 성능을 확인할 수 있는 서류가 필요하다.

⑤ 거래정보사업자로 지정받으려는 자는 지정받기 전에 운영규정을 정하여 국토교통부장관의 승인을 얻어야 한다.

02 다음 중 부동산거래정보망에 관한 기술 중 틀린 것은?

① 거래정보사업자는 개업공인중개사로부터 공개를 의뢰받은 중개대상물의 정보에 한하여 이를 부동산거래정보망에 공개해야 한다.

② 거래정보사업자 지정을 받고자 하는 자는 그 부동산거래정보망의 가입·이용신청을 한 개업공인중개사의 수가 500명 이상이어야 한다.

③ 거래정보사업자는 정보처리기사 1인 이상과 공인중개사 1인 이상을 확보하여야 한다.

④ 거래정보사업자 지정을 받은 자는 30일 이내에 운영규정을 작성하여 국토교통부장관의 승인을 받아야 한다.

⑤ 거래정보사업자는 개업공인중개사로부터 의뢰받은 내용과 다르게 정보를 공개하거나 어떠한 방법으로든지 개업공인중개사에 따라 정보가 차별적으로 공개되도록 한 경우에는 1년 이하의 징역이나 1천만원 이하의 벌금에 처한다.

03 다음 중 부동산거래정보망에 대한 기술 중 옳은 것은 모두 고른 것은?

> ㉠ 개업공인중개사가 부동산거래정보망에 거짓의 정보를 공개한 경우에는 1년 이하의 징역이나 1,000만원 이하의 벌금형에 처한다.
>
> ㉡ 거래정보사업자가 운영규정에 위반하여 정보망을 운영한 경우에 국토교통부장관은 500만원 이하의 과태료처분을 할 수 있다.
>
> ㉢ 거래정보사업자가 개업공인중개사로부터 의뢰받는 내용과 다르게 정보를 공개한 경우 국토교통부장관은 그 사업자 지정을 취소해야 한다.

① ㉠   ② ㉡

③ ㉠, ㉡   ④ ㉡, ㉢

⑤ ㉠, ㉡, ㉢

04 공인중개사법령상 거래정보사업자의 지정을 취소할 수 있는 사유에 해당하는 것을 모두 고른 것은?

> ㉠ 거짓 등 부정한 방법으로 지정을 받은 경우
> ㉡ 정당한 사유 없이 지정받은 날부터 1년 이내에 부동산거래정보망을 설치 · 운영하지 아니한 경우
> ㉢ 개업공인중개사로부터 공개를 의뢰받은 중개대상물의 내용과 다르게 부동산거래정보망에 정보를 공개한 경우
> ㉣ 부동산거래정보망의 이용 및 정보제공방법 등에 관한 운영규정을 위반하여 부동산거래정보망을 운영한 경우

① ㉠, ㉡   ② ㉡, ㉢
③ ㉢, ㉣   ④ ㉠, ㉢, ㉣
⑤ ㉠, ㉡, ㉢, ㉣

테마 15. 중개대상물 확인 · 설명의무(1문제)

1. 의 의

2. 중개대상물 확인 · 설명의 방법

① 중개의뢰를 받은 경우 : 개업공인중개사는 중개를 의뢰받은 경우에는 중개가 완성되기 전에 당해 중개대상물에 관한 **권리를 취득하고자 하는 중개의뢰인**에게 성실 · 정확하게 설명하고, 토지대장 · 부동산종합증명서 · 등기사항증명서 등 설명의 **근거자료를 제시**하여야 한다.

개업공인중개사는 확인 · 설명을 위하여 필요한 경우에는 중개대상물의 매도의뢰인 · 임대의뢰인 등에게 당해 중개대상물의 상태에 관한 자료를 요구할 수 있다. 개업공인중개사는 매도의뢰인 · 임대의뢰인 등이 중개대상물의 상태에 관한 자료요구에 **불응**한 경우에는 그 사실을 매수의뢰인 · 임차의뢰인 등에게 **설명하고**, 중개대상물확인 · 설명서에 기재하여야 한다.

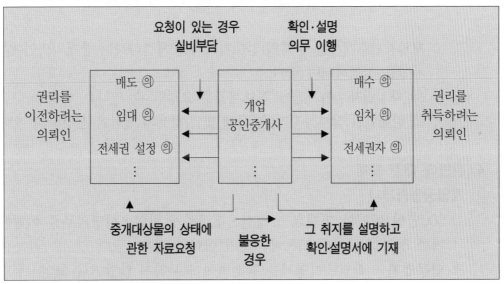

② 거래계약서를 작성하는 경우
  ㉠ 개업공인중개사는 중개가 완성되어 거래계약서를 작성하는 때에는 확인 · 설명사항을 서면으로 작성하여 거래당사자에게 교부하여야 한다. **여기서의 서면은 중개대상물확인 · 설명서를 의미한다.**
  ㉡ 확인 · 설명서에는 개업공인중개사(법인인 경우에는 대표자를 말하며, 법인에 분사무소가 설치되어 있는 경우에는 분사무소의 책임자를 말한다)가 서명 및 날인하되, 당해 중개행위를 한 소속공인중개사가 있는 경우에는 소속공인중개사가 함께 서명 및 날인하여야 한다.

ⓒ 개업공인중개사는 중개대상물의 확인·설명서의 원본, 사본 또는 전자문서를 **3년간** 보관(공인전자문서센터에 보관된 경우는 제외함)하여야 한다.

3. 확인·설명의 내용

① 중개대상물의 종류·소재지·지번·지목·면적·용도·구조 및 건축연도 등 중개대상물에 관한 기본적인 사항

② 소유권·전세권·저당권·지상권 및 임차권 등 중개대상물의 권리관계에 관한 사항

③ **거래예정금액**·중개보수 및 실비의 금액과 그 산출내역

④ 토지이용계획, 공법상의 거래규제 및 이용제한에 관한 사항

⑤ 수도·전기·가스·소방·열공급·승강기 및 배수 등 시설물의 상태

⑥ 벽면 및 도배의 상태

⑦ 일조·소음·진동 등 환경조건

⑧ 도로 및 대중교통수단과의 연계성, 시장·학교와의 근접성 등 입지조건

⑨ **중개대상물에 대한 권리를 취득함에 따라 부담하여야 할 조세의 종류 및 세율**

⇨ 개업공인중개사는 **주택의 임대차계약**을 체결하려는 중개의뢰인에게 다음의 사항을 설명하여야 한다.
   ⑴ 확정일자부여기관에 정보제공을 요청할 수 있다는 사항
   ⑵ 임대인이 납부하지 않은 국세 및 지방세의 열람을 신청할 수 있다는 사항

4. 위반에 대한 제재
⑴ 개업공인중개사

① **500만원 이하의 과태료** — 성실·정확하게 확인·설명의무를 이행하지 않았거나 설명의 근거자료를 제시하지 아니한 경우

② **업무정지** — 확인·설명서를 작성하여 교부하지 않았거나 확인·설명서에 서명 및 날인하지 않았거나 확인·설명서를 3년간 보존하지 아니한 경우

⑵ **소속 공인중개사** — 자격정지

문제

기출1. 공인중개사법령상 개업공인중개사 甲의 중개대상물 확인·설명에 관한 설명으로 틀린 것은? (다툼이 있으면 판례에 따름)

① 甲은 중개가 완성되어 거래계약서를 작성하는 때에 중개대상물확인·설명서를 작성하여 거래당사자에게 교부해야 한다.

② 甲은 중개대상물에 근저당권이 설정된 경우, 실제의 피담보채무액을 조사·확인하여 설명할 의무가 있다.

③ 甲은 중개대상물의 범위 외의 물건이나 권리 또는 지위를 중개하는 경우에도 선량한 관리자의 주의로 권리관계 등을 조사·확인하여 설명할 의무가 있다.

④ 甲은 자기가 조사·확인하여 설명할 의무가 없는 사항이라도 중개의뢰인이 계약을 맺을지를 결정하는 데 중요한 것이라면 그에 관해 그릇된 정보를 제공해서는 안 된다.

⑤ 甲이 성실·정확하게 중개대상물의 확인·설명을 하지 않거나 설명의 근거자료를 제시하지 않은 경우 500만원 이하의 과태료 부과사유에 해당한다.

01 개업공인중개사의 중개대상물 확인·설명의무에 대한 기술 중 틀린 것은?

① 개업공인중개사는 중개를 의뢰받은 경우에는 중개가 완성되기 전에 당해 중개대상물에 관한 권리를 취득하고자 하는 중개의뢰인에게 성실·정확하게 설명하고, 토지대장·부동산종합증명서·등기사항증명서 등 설명의 근거자료를 제시하여야 한다.

② 개업공인중개사는 중개를 의뢰받은 경우에는 중개가 완성되기 전에 확인·설명사항을 서면으로 작성하여 거래당사자에게 교부하고 그 원본, 사본 및 전자문서를 보존하여야 한다.

③ 개업공인중개사는 매도의뢰인·임대의뢰인 등이 중개대상물의 상태에 관한 자료요구에 불응한 경우에는 그 사실을 매수의뢰인·임차의뢰인 등에게 설명하고 중개대상물확인·설명서에 기재하여야 한다.

④ 개업공인중개사가 매도의뢰인·임대의뢰인 등에게 중개대상물의 상태에 관한 자료를 요구한 경우에 이를 매수의뢰인·임차의뢰인 등에게 설명할 필요는 없다.

⑤ 개업공인중개사는 중개업무의 수행을 위하여 필요한 경우에는 중개의뢰인에게 주민등록증 등 신분을 확인할 수 있는 증표를 제시할 것을 요구할 수 있다.

02 개업공인중개사의 중개대상물 확인·설명의무에 대한 기술 중 옳은 것은?

① 중개의뢰인이 개업공인중개사에게 소정의 보수를 지급하지 아니하였다면 개업공인중개사의 확인·설명의무 위반에 따른 손해배상책임이 당연히 소멸된다.

② 법인의 분사무소에서 중개가 완성되어 거래계약서를 작성하면서 확인·설명서를 작성한 경우에는 대표자가 서명 및 날인해야 한다.

③ 개업공인중개사의 자료요구에 대해 중개의뢰인이 자료를 제공하지 않는 경우 개업공인중개사는 중개대상물에 대해 조사할 권한이 있다.

④ 중개대상물확인·설명서 서식에 권리관계의 증명근거로 지형도는 명시되어 있지 않다.

⑤ 거래가격·중개보수 및 실비의 금액과 그 산출내역은 확인·설명사항에 해당된다.

03 개업공인중개사의 중개대상물 확인·설명의무에 대한 기술 중 틀린 것은?

① 중개대상물에 근저당권이 설정된 경우, 실제의 피담보채무액까지 조사·확인하여 설명할 의무는 없다.

② 주거용 건축물인 경우에는 아파트를 제외하고 단독경보형감지기의 설치여부와 설치개수를 설명해야 한다.

③ 비주거용 건축물인 경우에 내진설계적용여부 및 내진능력은 확인·설명사항에 해당된다.

④ 중개대상물에 대한 권리를 이전함에 따라 부담하여야 할 조세의 종류 및 세율은 확인·설명사항에 해당된다.

⑤ 개업공인중개사가 중개대상물 확인·설명서의 사본을 보존해야 할 기간은 3년이다.

04 다음 중 확인·설명의무 위반에 대한 기술 중 옳은 것을 모두 찾은 것은?

> ㉠ 개업공인중개사는 성실·정확하게 확인·설명의무를 이행하지 않았거나 설명의 근거자료를 제시하지 않은 경우는 500만원 이하의 과태료처분사유에 해당된다.
>
> ㉡ 소속 공인중개사가 성실·정확하게 확인·설명의무를 이행하지 않았거나 설명의 근거자료를 제시하지 않은 경우는 500만원 이하의 과태료처분사유에 해당된다.
>
> ㉢ 개업공인중개사가 확인설명의 근거자료를 제시하였으나, 성실·정확하게 확인·설명을 하지 않았을 경우에 과태료 기준금액은 250만원이다.

① ㉠   ② ㉡

③ ㉠, ㉢   ④ ㉡, ㉢

⑤ ㉠, ㉡, ㉢

테마 16. 거래계약서(1문제)

1. 의 의

2. 거래계약서의 서식
공인중개사 법령에는 거래계약서 서식을 **규정하고 있지 않다.** 다만, **국토교통부 장관**은 개업공인중개사가 작성하는 거래계약서의 표준이 되는 서식을 정하여 그 사용을 **권장**할 수 있다.

3. 거래계약서의 필수기재사항
(1) 거래당사자의 인적 사항

(2) 물건의 표시

(3) 계약일

(4) 거래금액·계약금액 및 그 지급일자 등 지급에 관한 사항

(5) **물건의 인도일시**

(6) **권리이전의 내용**

(7) 계약의 조건이나 기한이 있는 경우에는 그 조건 또는 기한

(8) **중개대상물확인·설명서 교부일자**

(9) 그 밖의 약정내용

4. 거래계약서의 서명·날인 및 교부·보관의무
개업공인중개사가 거래계약서를 작성한 때에는 개업공인중개사(법인인 경우에는 대표자를 말하며, 법인에 분사무소가 설치되어 있는 경우에는 분사무소의 책임자를 말한다)가 서명 및 날인하되, 당해 중개행위를 한 소속공인중개사가 있는 경우에는 소속공인중개사가 함께 서명 및 날인하여야 하며, 거래당사자 쌍방에게 교부하고, 그 원본, 사본 또는 전자문서를 **5년 동안 보존**(공인전자문서센터에 보관된 경우는 제외함)하여야 한다. 이에 위반하면 업무정지처분사유에 해당된다.

5. 이중 계약서 작성금지 등
개업공인중개사가 거래계약서를 작성하는 때에는 거래금액 등 거래내용을 거짓으로 기재하거나 서로 다른 2 이상의 거래계약서를 작성하여서는 아니된다. 이에 위반하면 **상대적 취소사유에 해당된다.**

▌문제

> **기출1. 공인중개사법령상 개업공인중개사의 거래계약서 작성 등에 관한 설명으로 옳은 것은?**
>
> ① 개업공인중개사가 국토교통부장관이 정하는 거래계약서 표준서식을 사용하지 아니한 경우, 시·도지사는 그 자격을 취소해야 한다.
> ② 중개대상물확인·설명서 교부일자는 거래계약서에 기재해야 하는 사항이다.
> ③ 하나의 거래계약에 대하여 서로 다른 둘 이상의 거래계약서를 작성한 경우, 시·도지사는 3개월의 범위 안에서 그 업무를 정지해야 한다.
> ④ 중개행위를 한 소속공인중개사가 거래계약서를 작성하는 경우, 그 소속공인중개사가 거래계약서에 서명 및 날인하여야 하며 개업공인중개사는 서명 및 날인의무가 없다.
> ⑤ 거래계약서가 「전자문서 및 전자거래 기본법」에 따른 공인전자문서센터에 보관된 경우 3년간 그 사본을 보존해야 한다.

01 **개업공인중개사의 거래계약서 작성에 대한 기술 중 옳은 것은?**

① 개업공인중개사가 거래계약체결을 중개한 경우에는 거래계약서를 작성해야 계약이 성립된다.

② 개업공인중개사는 중개가 완성된 때에만 거래계약서 등을 작성·교부하여야 하고 중개를 하지 아니하였음에도 함부로 거래계약서 등을 작성·교부하여서는 아니된다.

③ 등록관청은 개업공인중개사가 작성하는 거래계약서의 표준이 되는 서식을 정하여 그 사용을 권장할 수 있다.

④ 거래계약서는 국토교통부장관이 지정한 표준거래계약서 양식으로 계약서를 작성해야 한다.

⑤ 소속 공인중개사가 거래계약서를 작성한 경우에는 당해 업무를 수행한 공인중개사만 서명 및 날인하면 된다.

02 개업공인중개사의 거래계약서 작성에 대한 기술 중 틀린 것은?

① 중개대상물확인 · 설명서 교부일자와 계약일은 거래계약서 필수기재사항에 해당된다.

② 개업공인중개사가 거래계약서를 작성한 경우에는 거래당사자 쌍방에게 교부하고 5년간 보관(공인전자문서센터에 보관된 경우는 제외함)해야 한다.

③ 법인의 분사무소가 설치되어 있는 경우, 그 분사무소에서 작성하는 거래계약서에 분사무소의 책임자가 서명 및 날인해야 한다.

④ 거래계약서에는 공법상의 이용제한이나 거래규제에 관한 사항을 기재해야 한다.

⑤ 개업공인중개사가 거래계약서를 작성하는 때에는 거래금액 등 거래내용을 거짓으로 기재하거나 서로 다른 2 이상의 거래계약서를 작성하여서는 아니된다. 이에 위반하면 상대적 취소사유에 해당된다.

03 다음 중 공인중개사법령상 개업공인중개사가 작성하는 거래계약서의 필수적 기재사항이 아닌 것은 모두 몇 개인가?

> ㉠ 물건의 표시
> ㉡ 거래예정금액
> ㉢ 물건의 인도일시
> ㉣ 권리이전의 내용
> ㉤ 토지이용계획의 내용
> ㉥ 거래당사자의 인적 사항
> ㉦ 권리취득에 따른 조세의 개략적 금액

① 2개   ② 3개
③ 4개   ④ 5개
⑤ 6개

테마 17. 손해배상책임과 업무보증설정(1문제)

1. 손해배상책임의 성립요건

⑴ 개업공인중개사는 중개행위를 함에 있어서 고의 또는 과실로 인하여 거래당사자에게 재산상의 손해를 발생하게 한 때에는 그 손해를 배상할 책임이 있다.

⑵ 개업공인중개사는 자기의 중개사무소를 다른 사람의 중개행위의 장소로 제공함으로써 거래당사자에게 재산상의 손해를 발생하게 한 때에는 그 손해를 배상할 책임이 있다.

2. 업무보증설정

⑴ **업무보증의 설정시기**: 개업공인중개사는 중개사무소 개설등록을 한 때에는 **업무를 시작하기 전에** 손해배상책임을 보장하기 위한 조치를 한 후 그 증명서류를 갖추어 등록관청에 신고하여야 한다. **다만, 보증기관이 보증사실을 등록관청에 직접 통보한 경우에는 신고를 생략할 수 있다.**

⑵ **업무보증설정 방법 및 내용**

구 분	업무보증설정방법	업무보증설정내용
법인인 개업공인중개사	• 공제가입 • 보증보험가입 • 공탁(현금 또는 국공채) 중 택1	4억원 이상(단, 분사무소는 분사무소마다 2억원 이상씩 추가설정)
법인이 아닌 개업공인중개사 (공인중개사인 개공사·중개인)		2억원 이상
다른 법률에 의한 법인		2,000만원 이상

• 보증보험계약은 개업공인중개사가 중개행위를 함에 있어서 고의 또는 과실로 인하여 중개의뢰인에게 재산상의 손해를 입힌 경우 그 손해를 보상하기 위하여 체결된 이른바 **타인을 위한 손해보험계약**에 해당된다.

• 공인중개사협회가 운영하는 공제제도는 개업공인중개사가 그의 불법행위 또는 채무불이행으로 인하여 거래 당사자에게 부담하게 되는 손해배상책임을 보증하는 **보증보험적 성격을 가진 제도**라고 보아야 할 것이다.

(3) **업무보증의 변경**: 이미 설정한 보증의 효력이 있는 기간 중 ~

(4) **업무보증의 재설정**: 그 보증기간 만료일까지 ~

(5) **손해배상금의 지급**

① 중개의뢰인과 개업공인중개사 간의 손해배상합의서 · 화해조서 또는 확정된 법원의 판결문 사본 그 밖에 이에 준하는 효력이 있는 서류를 첨부하여 보증기관에 손해배상금의 지급을 청구하여야 한다.

② 개업공인중개사는 보증보험금 · 공제금 또는 공탁금으로 손해배상을 한 때에는 15일 이내에 보증보험 또는 공제에 다시 가입하거나 공탁금 중 부족하게 된 금액을 보전하여야 한다.

■ **업무보증에서 손해배상을 받는 절차**

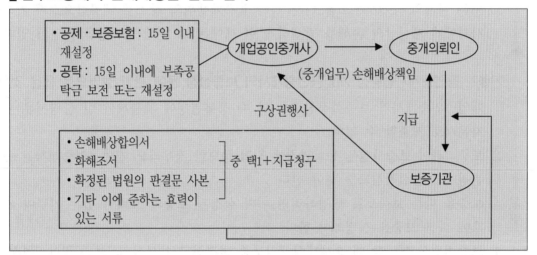

(6) **공탁금 회수제한**: 개업공인중개사가 폐업 또는 사망한 날부터 **3년** 이내에는 이를 회수할 수 없다.

(7) **업무보증설정사항의 설명의무**: 개업공인중개사는 **중개가 완성된 때**~

① 보장금액

② 보증보험회사, 공제사업을 행하는 자, 공탁기관 및 그 소재지

③ 보장기간

(8) **업무보증 설정위반에 대한 제재**: 업무보증을 설정하지 않고 중개업무를 한 경우에 등록관청은 중개사무소 개설등록을 **취소할 수 있다.**

▌문제

기출1. 공인중개사법령상 공인중개사인 개업공인중개사 甲의 손해배상책임의 보장에 관한 설명으로 틀린 것은?

① 甲은 업무를 시작하기 전에 손해배상책임을 보장하기 위한 조치를 하여야 한다.

② 甲은 2억원 이상의 금액을 보장하는 보증보험 또는 공제에 가입하거나 공탁을 해야 한다.

③ 甲은 보증보험금 · 공제금 또는 공탁금으로 손해배상을 한 때에는 15일 이내에 보증보험 또는 공제에 다시 가입하거나 공탁금 중 부족하게 된 금액을 보전해야 한다.

④ 甲이 손해배상책임을 보장하기 위한 조치를 이행하지 아니하고 업무를 개시한 경우는 업무정지사유에 해당하지 않는다.

⑤ 甲은 자기의 중개사무소를 다른 사람의 중개행위의 장소로 제공함으로써 거래당사자에게 재산상의 손해를 발생하게 한 때에는 그 손해를 배상할 책임이 있다.

기출2. 공인중개사법령상 개업공인중개사의 보증설정 등에 관한 설명으로 옳은 것은?

① 개업공인중개사가 보증설정신고를 할 때 등록관청에 제출해야 할 증명서류는 전자문서로 제출할 수 없다.

② 보증기관이 보증사실을 등록관청에 직접 통보한 경우라도 개업공인중개사는 등록관청에 보증설정신고를 해야 한다.

③ 보증을 다른 보증으로 변경하려면 이미 설정된 보증의 효력이 있는 기간이 지난 후에 다른 보증을 설정해야 한다.

④ 보증변경신고를 할 때 손해배상책임보증 변경신고서 서식의 "보증"란에 "변경 후 보증내용"을 기재한다.

⑤ 개업공인중개사가 보증보험금으로 손해배상을 한 때에는 그 보증보험의 금액을 보전해야 하며 다른 공제에 가입할 수 없다.

---

01 개업공인중개사의 손해배상책임에 관한 기술 중 틀린 것은?

① 개업공인중개사 등이 아닌 제3자의 중개행위로 거래당사자에게 재산상 손해가 발생한 경우 그 제3자는 이 법에 따른 손해배상책임을 진다.

② 개업공인중개사는 자기의 중개사무소를 다른 사람의 중개행위 장소로 제공함으로써 거래당사자에게 재산상 손해를 발생하게 한 때에는 그 손해를 배상할 책임이 있다.

③ 중개행위에 해당하는지는 중개한 자의 행위를 객관적으로 보아 사회통념상 거래의 알선·중개를 위한 행위라고 인정되는지 여부에 의하여 결정하여야 할 것이다.

④ 부동산 매매계약 체결을 중개하고 계약체결 후 계약금 및 중도금 지급에도 관여한 개업공인중개사가 잔금 중 일부를 횡령한 경우에 이 법에 따른 손해배상책임을 진다.

⑤ 중개행위에 따른 확인·설명의무와 그 위반을 이유로 하는 손해배상의무는 중개의뢰인이 개업공인중개사에게 소정의 보수를 지급하지 아니하였다고 해서 당연히 소멸되는 것은 아니다.

02 개업공인중개사의 손해배상책임에 관한 기술 중 틀린 것은?

① 개업공인중개사가 중개행위를 함에 있어서 거래당사자에게 손해를 입힌 경우 고의·과실과 관계없이 그 손해를 배상해야 한다.

② 공제제도는 개업공인중개사가 그의 불법행위 또는 채무불이행으로 인하여 거래당사자에게 부담하게 되는 손해배상책임을 보증하는 보증보험적 성격을 가진 제도이다.

③ 개업공인중개사와 한국공인중개사협회가 체결한 공제계약이 유효하게 성립하려면 계약 당시 공제사고 발생 여부가 확정되어 있지 않아야 한다.

④ 한국공인중개사협회가 공제가입자인 개업공인중개사의 사기를 이유로 하는 공제계약의 취소 또는 무효로써 거래당사자에게 대항할 수 없는 것이 원칙이다.

⑤ 개업공인중개사는 업무를 시작하기 전에 손해배상책임을 보장하기 위하여 대통령령이 정하는 바에 따라 보증보험 또는 공제에 가입하거나 공탁을 해야 한다.

03 개업공인중개사의 손해배상책임에 관한 기술 중 틀린 것은?

① 특별한 다른 사정이 없는 한 원칙적으로 공제금청구권의 소멸시효는 공제사고가 발생한 때로부터 진행한다.

② 공제금청구권자가 공제사고의 발생 사실을 확인할 수 없는 사정이 있는 경우에는 공제금청구권자가 공제사고의 발생을 알았거나 알 수 있었던 때부터 공제금청구권의 소멸시효가 진행한다.

③ 법인인 개업공인중개사가 분사무소를 5개 설치한 경우에 업무보증설정한도는 최소 14억원 이상이다.

④ 다른 법률의 규정에 따라 중개업을 할 수 있는 법인이 부동산중개업을 하는 경우 업무보증설정을 하지 않아도 된다.

⑤ 개업공인중개사는 중개가 완성된 때에는 거래당사자에게 손해배상책임의 보장에 관한 사항을 설명하고 관계증서의 사본을 교부하거나 관계증서에 관한 전자문서를 제공해야 한다.

04 개업공인중개사의 손해배상책임에 관한 기술 중 틀린 것은?

① 지역농업협동조합이 부동산중개업을 하는 때에는 중개업무를 개시하기 전에 보장금액 2천만원 이상의 보증을 보증기관에 설정하고 그 증명서류를 갖추어 등록관청에 신고해야 한다.

② 중개의뢰인의 손해가 보증기관의 보증금 지급한도를 초과하는 손해에 대해서는 개업공인중개사를 상대로 손해배상청구권을 행사할 수 없다.

③ 보증보험의 보증기간이 만료되어 다시 보증을 설정하려는 개업공인중개사는 그 보증기간 만료일까지 다시 보증을 설정해야 한다.

④ 손해배상책임을 보장하기 위한 공탁금은 개업공인중개사가 폐업한 날부터 3년이 경과해야 회수 할 수 있다.

⑤ 개업공인중개사는 보증보험금·공제금 또는 공탁금으로 손해배상을 한 때에는 15일 이내에 보증보험 또는 공제에 다시 가입하거나 공탁금 중 부족하게 된 금액을 보전하여야 한다.

테마 18. 계약금 등의 반환채무이행의 보장(1문제)

1. 계약금 등의 예치 · 관리

개업공인중개사는 거래의 안전을 보장하기 위하여 필요하다고 인정하는 경우에는 **거래계약의 이행이 완료될 때까지** 계약금 · 중도금 또는 잔금을 개업공인중개사 또는 대통령령이 정하는 자의 명의로 금융기관, 제42조의 규정에 의하여 공제사업을 하는 자 또는 **신탁업자 등**에 예치하도록 거래당사자에게 **권고**할 수 있다.

(1) 예치명의자

① 개업공인중개사

②「은행법」에 따른 은행

③「보험업법」에 따른 보험회사

④「자본시장과 금융투자업에 관한 법률」에 의한 신탁업자

⑤「우체국예금 · 보험에 관한 법률」에 따른 체신관서

⑥ 법 제42조의 규정에 따라 공제사업을 하는 자

⑦ 부동산 거래계약의 이행을 보장하기 위하여 계약금 · 중도금 또는 잔금 및 계약 관련 서류를 관리하는 업무를 수행하는 전문회사

(2) 예치장소

① 금융기관

② 제42조의 규정에 의하여 공제사업을 하는 자

③「자본시장과 금융투자업에 관한 법률」에 의한 **신탁업자 등**

(3) 개업공인중개사의 의무

① 개업공인중개사는 거래당사자가 계약금 등을 개업공인중개사의 명의로 금융기관 등에 예치할 것을 의뢰하는 경우에는 계약이행의 완료 또는 계약해제 등의 사유로 인한 계약금 등의 인출에 대한 거래당사자의 동의 방법, 반환채무이행 보장에 소요되는 실비, 그 밖에 거래안전을 위하여 **필요한 사항을 약정하여야 한다.**

② 개업공인중개사는 거래계약과 관련된 계약금 등을 자기 명의로 금융기관 등에 예치하는 경우에는 **자기 소유의 예치금과 분리하여 관리될 수 있도록 하여야 하며, 예치된 계약금등은 거래당사자의 동의 없이 인출하여서는 아니 된다.**

③ 개업공인중개사는 계약금 등을 자기 명의로 금융기관 등에 예치하는 경우에는 그 계약금 등을 거래당사자에게 지급할 것을 보장하기 위하여 예치대상이 되는 계약금 등에 해당하는 금액을 보장하는 **보증보험 또는 법 제42조의 규정에 따른 공제에 가입하거나 공탁을 하여야 하며,** 거래당사자에게 관계증서의 사본을 교부하거나 관계증서에 관한 전자문서를 제공하여야 한다.

2. 계약금 등의 사전수령

계약금 등을 예치한 경우 매도인·임대인 등 계약금 등을 수령할 수 있는 권리가 있는 자는 당해 계약을 해제한 때에 계약금등의 반환을 보장하는 내용의 금융기관 또는 보증보험회사가 발행하는 보증서를 계약금 등의 **예치명의자**에게 교부하고 계약금등을 미리 수령할 수 있다.

▌계약금 등의 예치명의자 등

예치금	예치명의자	예치기관	보증서 발행기관
① 계약금 ② 중도금 ③ 잔금	① 개업공인중개사 ② 은행 ③ 보험회사 ④ 신탁업자 ⑤ 체신관서 ⑥ 공제사업자 ⑦ 에스크로우 회사	① 금융기관 ② 공제사업을 하는 자 ③ 신탁업자 등	① 금융기관 ② 보증보험회사

▌문제

기출1. 공인중개사법령상 계약금등을 예치하는 경우 예치명의자가 될 수 있는 자를 모두 고른 것은?

> ㉠ 「보험업법」에 따른 보험회사
> ㉡ 「자본시장과 금융투자업에 관한 법률」에 따른 투자중개업자
> ㉢ 「자본시장과 금융투자업에 관한 법률」에 따른 신탁업자
> ㉣ 「한국지방재정공제회법」에 따른 한국지방재정공제회

① ㉠
② ㉠, ㉢
③ ㉠, ㉡, ㉢
④ ㉡, ㉢, ㉣
⑤ ㉠, ㉡, ㉢, ㉣

01 공인중개사법령상 계약금 등의 반환채무이행의 보장 등에 관한 설명으로 틀린 것은?

① 개업공인중개사는 거래의 안전을 보장하기 위하여 필요하다고 인정하는 경우, 계약금 등을 예치하도록 거래당사자에게 권고할 수 있다.

② 예치대상은 계약금 · 중도금 또는 잔금이다.

③ 보험업법에 따른 보험회사는 계약금 등의 예치명의자가 될 수 있다.

④ 개업공인중개사는 거래당사자에게 공인중개사법에 따른 공제사업을 하는 자의 명의로 계약금 등을 예치하도록 권고할 수 없다.

⑤ 개업공인중개사는 계약금 등을 자기 명의로 금융기관 등에 예치하는 경우 자기 소유의 예치금과 분리하여 관리될 수 있도록 하여야 한다.

02 개업공인중개사의 계약금 등의 반환채무이행의 보장에 관한 기술 중 옳은 것은?

① 개업공인중개사는 계약의 이행이 완료될 때까지 계약금 등을 거래당사자에게 금융기관 등에 예치하게 할 수 있다.

② 개업공인중개사는 거래계약서의 작성이 완료될 때가지 계약금 · 중도금 또는 잔금을 예치하도록 권고할 수 있다.

③ 개업공인중개사는 예치된 계약금 등은 거래당사자의 동의 없이도 인출할 수 있다.

④ 계약금 등을 예치하는 경우 「보험업법」에 따른 보험회사 명의로 금융기관에 예치할 수 있다.

⑤ 계약금 등을 예치하는 경우 개업공인중개사, 은행, 법원, 매도인 명의로 예치할 수 있다.

03 **개업공인중개사의 계약금 등의 반환채무이행의 보장에 관한 기술 중 틀린 것은?**

① 개업공인중개사 명의로 계약금 등을 예치하는 경우에 개업공인중개사는 예치된 계약금 등에 해당하는 금액을 보장하는 보증보험 또는 공제에 가입하거나 공탁을 하여야 한다.

② 계약금 등을 금융기관 등에 예치하는 경우에 소요되는 비용은 매수, 임차 그 밖에 권리를 취득하고자 하는 의뢰인이 부담한다.

③ 계약금 등을 수령할 수 있는 권한이 있는 매도의뢰인 등은 계약이 해제되었을 때 계약금 등의 반환을 보장하는 내용의 금융기관 등의 보증서를 예치기관에 교부하고 계약금 등을 미리 수령할 수 있다.

④ 개업공인중개사가 계약금 등의 반환채무이행의 보장에 반하는 행위를 한 경우 등록관청은 6월의 범위 내에서 업무정지처분을 할 수 있다.

⑤ 은행 명의로 예치하는 경우에 개업공인중개사는 예치된 계약금 등을 거래당사자에게 지급할 것을 보장하기 위하여 보증을 설정하지 않아도 된다.

테마 19. 개업공인중개사 등의 금지행위(1-2문제)

1. 금지행위의 내용

😊😊 매매는 서로 **협조**하여 **보수**를 받는 것이 **중요사항**이나(1/1), **증서**를 **직접거래**하여 **투기**하거나 **시세**를 조정하기 위한 **단체**구성은 금지된다(3/3).

(1) **제3조의 규정에 의한 중개대상물의 매매를 업으로 하는 행위**: 중개대상물의 매매업 외에 중개대상물의 교환, 임대차 등을 업으로 하는 것까지 폭넓게 금지하는 것은 아니다.

(2) 제9조의 규정에 의한 중개사무소의 개설등록을 하지 아니하고 중개업을 영위하는 자인 사실을 **알면서** 그를 통하여 중개를 의뢰받거나 그에게 자기의 명의를 이용하게 하는 행위

(3) 사례·증여 그 밖의 어떠한 명목으로도 중개보수 또는 실비를 **초과하여 금품을 받는 행위**

(5) 관계 법령에서 양도·알선 등이 금지된 **부동산의 분양·임대 등과 관련 있는 증서 등**의 매매·교환 등을 중개하거나 그 매매를 업으로 하는 행위

(6) 중개의뢰인과 **직접거래**를 하거나 거래당사자 **쌍방을 대리**하는 행위

① 직접거래
⑦ 중개의뢰인과 계약을 체결한 경우만 직접거래에 해당된다.
⑥ 매매, 교환, 임대차를 불문한다.
⑥ 보수를 받았는지는 불문한다.
⑧ 승낙여부를 불문한다.
⑩ 중개의뢰인의 대리인이나 수임인과 계약을 체결한 경우에도 직접거래이다.
⑪ 다른 개업공인중개사의 중개에 의하여 계약체결은 직접거래에 해당되지 않는다.
② 쌍방대리: 쌍방을 모두 대리하는 것만 금지되므로 거래당사자의 일방만을 대리하여 다른 의뢰인과 거래계약을 체결하는 일방대리는 허용된다.

(7) 탈세 등 관계 법령을 위반할 목적으로 소유권보존등기 또는 이전등기를 하지 아니한 부동산이나 관계 법령의 규정에 의하여 **전매 등** 권리의 변동이 제한된 부동산의 **매매를 중개하는 등** 부동산투기를 조장하는 행위

(8) 부당한 이익을 얻거나 제3자에게 부당한 이익을 얻게 할 목적으로 거짓으로 거래가 완료된 것처럼 꾸미는 등 **중개대상물의 시세에 부당한 영향을 주거나 줄 우려가 있는 행위**

⑼ 단체를 구성하여 특정 중개대상물에 대하여 **중개를 제한하거나** 단체 구성원 이
외의 자와 **공동중개를 제한하는 행위**

2. 금지행위의 효과

⑴ **행정형벌**(법 제15조)

1년 이하의 징역 또는 1,000만원 이하의 벌금 (양벌규정)	• 중개대상물의 매매를 업으로 하는 행위(제1호) • 무등록 중개업자와의 협조행위(제2호) • 법정된 중개보수 또는 실비 외에 금품을 받는 행위(제3호) • 중개대상물의 중요사항에 관하여 거짓된 언행으로 의뢰인의 판단을 그르치게 하는 행위(제4호)
3년 이하의 징역 또는 3,000만원 이하의 벌금 (양벌규정)	• 개업공인중개사 등이 부동산의 분양 등과 관련있는 증서 등의 알 선·중개 또는 매매를 업으로 하는 행위(제5호) • 개업공인중개사 등이 중개의뢰인과 직접거래 또는 쌍방대리를 하는 행위(제6호) • 미등기 전매행위 등 부동산투기 조장행위(제7호) • 중개대상물의 시세에 부당한 영향을 주거나 줄 우려가 있는 행위(제8호) • 단체를 구성하여 특정 중개대상물에 대하여 중개를 제한하거나 단체 구성원 이외의 자와 공동중개를 제한하는 행위(제9호)

⑵ **행정처분**: 상대적 취소사유, 소속 공인중개사는 자격정지

⑶ **손해배상책임**

▌고용인의 금지행위에 대한 개공사의 책임

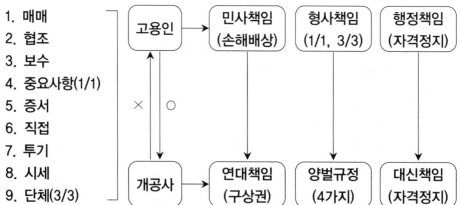

3. 부동산거래질서 교란행위 금지

누구든지 시세에 부당한 영향을 줄 목적으로 다음의 어느 하나의 방법으로 개업공인중개사 등의 업무를 방해해서는 아니 된다.

① 안내문, 온라인 커뮤니티 등을 이용하여 **특정** 개업공인중개사 등에 대한 중개의뢰를 제한하거나 제한을 유도하는 행위

② 안내문, 온라인 커뮤니티 등을 이용하여 중개대상물에 대하여 시세보다 현저하게 높게 표시·광고 또는 중개하는 **특정** 개업공인중개사 등에게만 중개의뢰를 하도록 유도함으로써 다른 개업공인중개사 등을 부당하게 차별하는 행위

③ 안내문, 온라인 커뮤니티 등을 이용하여 **특정** 가격 이하로 중개를 의뢰하지 아니하도록 유도하는 행위

④ 정당한 사유 없이 개업공인중개사 등의 중개대상물에 대한 정당한 표시·광고 행위를 **방해**하는 행위

⑤ 개업공인중개사 등에게 중개대상물을 시세보다 현저하게 높게 표시·광고하도록 **강요**하거나 대가를 약속하고 시세보다 현저하게 높게 표시·광고하도록 **유도**하는 행위

▌문제

기출1. 공인중개사법령상 개업공인중개사 등의 금지행위에 해당하지 않는 것은?

① 무등록 중개업을 영위하는 자인 사실을 알면서 그를 통하여 중개를 의뢰받는 행위
② 부동산의 매매를 중개한 개업공인중개사가 당해 부동산을 다른 개업공인중개사의 중개를 통하여 임차한 행위
③ 자기의 중개의뢰인과 직접 거래를 하는 행위
④ 제3자에게 부당한 이익을 얻게 할 목적으로 거짓으로 거래가 완료된 것처럼 꾸미는 등 중개대상물의 시세에 부당한 영향을 줄 우려가 있는 행위
⑤ 단체를 구성하여 단체 구성원 이외의 자와 공동중개를 제한하는 행위

---

01 개업공인중개사 등의 금지행위에 관한 기술 중 틀린 것은?

① 중개대상물의 매매를 업으로 하는 행위는 금지행위에 해당된다.
② 아파트의 특정 동·호수에 대한 분양계약이 체결된 후 그 분양권의 매매를 중개한 것은 금지행위에 해당된다.
③ 중개사무소의 개설등록을 하지 아니하고 중개업을 영위하는 자인 사실을 알면서 그를 통하여 중개를 의뢰받거나 그에게 자기의 명의를 이용하게 하는 행위는 금지행위에 해당된다.
④ 법정한도를 초과하는 중개보수 약정은 그 한도를 초과하는 범위 내에서 무효이다.
⑤ 개업공인중개사가 중개의뢰인으로부터 보수 명목으로 법정한도를 초과하는 당좌수표를 교부받았으나 그 후에 부도처리된 경우에도 금지행위에 해당된다.

02 개업공인중개사 등의 금지행위에 관한 기술 중 틀린 것은?

① 개업공인중개사가 법정한도를 초과하는 금액을 중개의뢰인에게 반환하였다면 금지행위에 해당하지 않는다.

② 개업공인중개사가 중개보수 산정에 관한 지방자치단체의 조례를 잘못 해석하여 법령이 허용하는 금액을 초과한 중개보수를 받은 경우 처벌대상이 된다는 것이 판례의 입장이다.

③ 상가분양을 대행하면서 주택 외의 중개대상물에 대한 법정 중개보수를 초과하여 금품을 받는 것은 금지행위에 해당되지 않는다.

④ 상가 전부의 매도시에 사용하려고 매각조건 등을 기재하여 인쇄해 놓은 양식에 매매대금과 지급기일 등 해당 사항을 기재한 분양계약서는 양도·알선 등이 금지된 부동산의 분양 등과 관련 있는 증서에 해당하지 않는다.

⑤ 개업공인중개사 A는 의뢰인 B와 C 간의 매매계약을 중개함에 있어서 B가 갑자기 출장 중이어서 B의 위임을 받고 의뢰인 C와 매매계약을 체결한 경우에 금지행위에 해당되지 않는다.

03 개업공인중개사 등의 금지행위에 관한 기술 중 틀린 것은?

① 부동산매매를 중개한 개업공인중개사가 당해 부동산을 다른 개업공인중개사의 중개를 통하여 임차하는 행위는 금지되지 않는다.

② '직접거래'란 개업공인중개사가 중개의뢰인으로부터 의뢰받은 매매·교환·임대차 등과 같은 권리의 득실·변경에 관한 행위의 직접 상대방이 되는 경우를 의미한다.

③ 개업공인중개사에 대하여 직접거래의 규정을 적용하기 위해서는 먼저 개업공인중개사가 중개의뢰인으로부터 중개의뢰를 받았다는 점이 전제되어야만 한다.

④ 중개의뢰인인 소유자로부터 거래에 관한 대리권을 수여받은 대리인과 중개대상물을 직접거래하는 행위는 금지행위에 해당된다.

⑤ 개업공인중개사가 중개의뢰인과 직접거래를 하는 행위를 금지하는 규정은 효력규정이다.

04 개업공인중개사 등의 금지행위에 관한 기술 중 틀린 것은?

① 개업공인중개사가 미등기 전매행위 등 부동산투기를 조장하는 행위를 하였으나, 양도차액을 남기지 못한 경우에도 금지행위에 해당된다.

② 부당한 이익을 얻거나 제3자에게 부당한 이익을 얻게 할 목적으로 거짓으로 거래가 완료된 것처럼 꾸미는 등 중개대상물의 시세에 부당한 영향을 주거나 줄 우려가 있는 행위는 금지행위에 해당된다.

③ 단체를 구성하여 특정 중개대상물에 대하여 중개를 제한하거나 단체 구성원 이외의 자와 공동중개를 제한하는 행위는 금지행위에 해당된다.

④ 등록관청은 개업공인중개사가 금지행위를 한 경우에는 중개사무소의 개설등록을 취소하여야 한다.

⑤ 누구든지 시세에 부당한 영향을 줄 목적으로 안내문, 온라인 커뮤니티 등을 이용하여 특정 개업공인중개사 등에 대한 중개의뢰를 제한하거나 제한을 유도하는 행위로 개업공인중개사 등의 업무를 방해해서는 아니 된다.

05 개업공인중개사 甲은 중개업무를 하면서 법정한도를 초과하는 중개보수를 요구하여 수령하였다. 공인중개사법령상 甲의 행위에 관한 설명으로 틀린 것은? (다툼이 있으면 판례에 따름)

① 등록관청은 甲에게 업무의 정지를 명할 수 있다.

② 등록관청은 甲의 중개사무소 개설등록을 취소할 수 있다.

③ 1년 이하의 징역 또는 1천만원 이하의 벌금 사유에 해당한다.

④ 법정한도를 초과하는 중개보수 약정은 그 한도를 초과하는 범위 내에서 무효이다.

⑤ 甲이 법정한도를 초과하는 금액을 중개의뢰인에게 반환하였다면 금지행위에 해당하지 않는다.

06 개업공인중개사 甲의 소속공인중개사 乙이 중개업무를 하면서 중개대상물의 거래 상 중요사항에 관하여 거짓된 언행으로 중개의뢰인 丙의 판단을 그르치게 하여 재산상 손해를 입혔다. 공인중개사법령에 관한 설명으로 틀린 것은?

① 乙의 행위는 공인중개사 자격정지사유에 해당한다.

② 乙은 1년 이하의 징역 또는 1천만원 이하의 벌금에 처한다.

③ 등록관청은 甲의 중개사무소 개설등록을 취소할 수 있다.

④ 丙은 甲에게 손해배상을 청구할 수 있다.

⑤ 甲은 乙의 위반행위방지를 위한 상당한 주의·감독을 게을리하지 않았더라면 甲은 손해배상책임을 지지 않는다.

07 누구든지 시세에 부당한 영향을 줄 목적으로 개업공인중개사 등의 업무를 방해하는 행위를 하여서는 아니된다. 다음 중 개업공인중개사 등의 업무방해행위에 해당되지 않는 것은?

① 안내문, 온라인 커뮤니티 등을 이용하여 특정 개업공인중개사 등에 대한 중개의뢰를 제한하거나 제한을 유도하는 행위

② 안내문, 온라인 커뮤니티 등을 이용하여 중개대상물에 대하여 시세보다 현저하게 높게 표시·광고 또는 중개하는 특정 개업공인중개사 등에게만 중개의뢰를 하도록 유도함으로써 다른 개업공인중개사 등을 부당하게 차별하는 행위

③ 부당한 이익을 얻거나 제3자에게 부당한 이익을 얻게 할 목적으로 거짓으로 거래가 완료된 것처럼 꾸미는 등 중개대상물의 시세에 부당한 영향을 주거나 줄 우려가 있는 행위

④ 정당한 사유 없이 개업공인중개사 등의 중개대상물에 대한 정당한 표시·광고 행위를 조장하는 행위

⑤ 개업공인중개사 등에게 중개대상물을 시세보다 현저하게 높게 표시·광고하도록 강요하거나 대가를 약속하고 시세보다 현저하게 높게 표시·광고하도록 유도하는 행위

테마 20. 개업공인중개사 등의 교육(1문제)

구 분	실무교육	직무교육	연수교육	거래사고 예방교육
실시권자	시·도지사	시·도지사 또는 등록관청	시·도지사	국토부장관, 시·도지사, 등록관청
교육 대상자	• 개업공인중개사가 되고자 하는 자(법인의 사원와 임원, 분사무소의 책임자가 되고자 하는 자) ⇨ 등록신청일 전 1년 이내 • 소속 공인중개사 ⇨ 고용신고일 전 1년 이내	중개보조원 ⇨ 고용신고일 전 1년 이내	실무교육을 받은 개업공인중개사와 소속 공인중개사(실무교육수료 후 2년마다)	개업공인중개사 등
교육내용	직무수행에 필요한 법률지식, 부동산중개 및 경영실무, 직업윤리 등	직무수행에 필요한 직업윤리 등	부동산중개 관련 법·제도의 변경사항, 부동산중개 및 경영실무, 직업윤리 등	부동산거래사고 예방
교육시간	28시간 이상 32시간 이하	3시간 이상 4시간 이하	12시간 이상 16시간 이하	규정없음
사전통보	규정없음	규정없음	실무교육 및 연수교육을 받은 후 2년이 되기 2개월 전까지 통보	교육일 10일 전까지 통지
위탁여부	위탁가능	위탁가능	위탁가능	규정없음

문제

기출1. 공인중개사법령상 개업공인중개사 등의 교육 등에 관한 설명으로 옳은 것은?

① 폐업신고 후 400일이 지난 날 중개사무소의 개설등록을 다시 신청하려는 자는 실무교육을 받지 않아도 된다.

② 중개보조원의 직무수행에 필요한 직업윤리에 대한 교육시간은 5시간이다.

③ 시·도지사는 연수교육을 실시하려는 경우 실무교육 또는 연수교육을 받은 후 2년이 되기 2개월 전까지 연수교육의 일시·장소·내용 등을 대상자에게 통지하여야 한다.

④ 부동산 중개 및 경영 실무에 대한 교육시간은 36시간이다.

⑤ 시·도지사가 부동산거래사고 예방을 위한 교육을 실시하려는 경우에는 교육일 7일 전까지 교육일시·교육장소 및 교육내용을 교육대상자에게 통지하여야 한다.

01 공인중개사법령상 개업공인중개사 등의 교육에 관한 설명으로 옳은 것은? (단, 다른 법률의 규정은 고려하지 않음)

① 중개사무소 개설등록을 신청하려는 법인의 공인중개사가 아닌 사원은 실무교육 대상이 아니다.

② 개업공인중개사가 되려는 자의 실무교육시간은 26시간 이상 32시간 이하이다.

③ 중개보조원이 받는 실무교육에는 부동산중개 관련 법·제도의 변경사항이 포함된다.

④ 국토교통부장관, 시·도지사, 등록관청은 개업공인중개사 등에 대한 부동산거래사고 예방 등의 교육을 위하여 교육 관련 연구에 필요한 비용을 지원할 수 있다.

⑤ 소속공인중개사는 2년마다 국토교통부장관이 실시하는 연수교육을 받아야 한다.

02 개업공인중개사 등의 교육에 관한 기술 중 틀린 것은?

① 실무교육을 수료한 개업공인중개사와 소속 공인중개사는 실무교육을 받은 후 2년마다 시·도지사가 실시하는 연수교육을 받아야 한다.

② 연수교육을 실시하려는 경우 그 교육의 일시·장소를 관보에 공고한 후 대상자에게 통지해야 한다.

③ 개업공인중개사 또는 소속 공인중개사가 정당한 사유없이 연수교육을 받지 아니한 경우에는 500만원 이하의 과태료처분사유에 해당된다.

④ 연수교육의 교육시간은 12시간 이상 16시간 이하로 한다.

⑤ 중개보조원은 고용신고일 전 1년 이내에 시·도지사 또는 등록관청이 실시하는 직무교육을 받아야 한다.

03 개업공인중개사 등의 교육에 관한 기술 중 옳은 것은?

① 중개보조원은 직무교육을 받은 후 2년마다 시·도지사가 실시하는 연수교육을 이수하여야 한다.

② 등록관청은 개업공인중개사와 소속 공인중개사에 대하여 연수교육을 실시하여야 한다.

③ 직무교육의 교육시간은 12시간 이상 16시간 이하로 한다.

④ 중개사무소 개설등록을 신청하려는 법인의 공인중개사가 아닌 사원은 실무교육 대상이 아니다.

⑤ 국토교통부장관, 시·도지사, 등록관청은 개업공인중개사 등에 대한 부동산 거래사고 예방 등의 교육을 위하여 교육 관련 연구에 필요한 비용을 지원할 수 있다.

테마 21. 중개보수 등(2문제)

1. 중개보수청구권

⑴ 중개보수청구권의 발생시기

⑵ 중개보수청구권의 행사요건

　①, ②, ③, ④ 인과관계

⑶ 중개보수청구권의 소멸

개업공인중개사의 고의 또는 과실에 의하여 거래행위가 무효·취소 또는 해제된 경우에는 중개보수청구권도 소멸된다(법 제32조 제1항 단서). 이미 지불한 경우도 거래당사자들은 그 반환을 청구할 수 있다.

2. 중개보수의 범위

⑴ 주택(부속토지 포함)

주택(부속토지를 포함한다)의 중개에 대한 보수와 실비의 한도 등에 관하여 필요한 사항은 국토교통부령으로 정하는 범위 안에서 특별시·광역시·도 또는 특별자치도(이하 "시·도"라 한다)의 조례로 정한다.

■ [별표 1] 주택 중개보수 상한요율(규칙 제20조 제1항 관련)

거래내용	거래금액	상한요율	한도액
1. 매매·교환	5천만원 미만	1천분의 6	25만원
	5천만원 이상 2억원 미만	1천분의 5	80만원
	2억원 이상 9억원 미만	**1천분의 4**	
	9억원 이상 12억원 미만	1천분의 5	
	12억원 이상 15억원 미만	1천분의 6	
	15억원 이상	1천분의 7	
2. 임대차 등	5천만원 미만	1천분의 5	20만원
	5천만원 이상 1억원 미만	1천분의 4	30만원
	1억원 이상 6억원 미만	**1천분의 3**	
	6억원 이상 12억원 미만	1천분의 4	
	12억원 이상 15억원 미만	1천분의 5	
	15억원 이상	1천분의 6	

(2) **주택 외**

① 주거용 오피스텔 – 전용면적 $85m^2$ 이하이고, 전용입식 부엌, 전용수세식 화장실 및 목욕시설을 갖춘 경우

㉠ 매매·교환 – 1천분의 5 이내

㉡ 임대차 등 – 1천분의 4 이내

② 주거용 오피스텔 외

국토교통부령으로 정한다. 시행규칙에 의하면, **거래금액의 1천분의 9 이내**에서 중개의뢰인과 개업공인중개사가 서로 **협의하여 결정한다.** 개업공인중개사는 중개보수 요율의 범위 안에서 실제 자기가 받고자 하는 중개보수의 상한요율을 중개보수·실비의 요율 및 한도액표에 **명시**하여야 하며, 이를 초과하여 중개보수를 받아서는 아니 된다.

(3) **복합건축물**

중개대상물인 건축물 중 **주택의 면적이 2분의 1 이상**인 경우에는 주택의 규정을 적용하고, **주택의 면적이 2분의 1 미만**인 경우에는 주택 외의 규정을 적용한다.

(4) **한도를 초과한 보수 약정**: 중개보수에 관한 한도는 강행규정에 해당하므로 한도를 초과한 보수 약정은 강행규정위반으로 초과부분은 무효이다.

3. 보수의 계산

(1) **중개보수 계산방법**

매매	매매가액 × 요율 = 산출액 **분양권**: (기납부된 계약금 + 중도금 + 프리미엄) × 요율 = 산출액
교환	**(큰)** 교환가액 × 요율 = 산출액
임대차 등	전세금 × 요율 = 산출액 [월세보증금+(월세액 × 100)] × 요율 = 산출액 단, **합산액이 5천만원 미만**인 경우에는 [월세보증금 + (월세액 × 70)] × 요율 = 산출액

(2) **중개보수의 산정**

① 산출액이 한도액을 초과하면 중개보수는 한도액 범위로 제한된다.

② 산출된 보수는 거래당사자 쌍방으로부터 각각 받는다.

③ 교환인 경우의 보충금은 중개보수 계산에 포함시키지 않는다. 권리금은 중개보수의 제한을 받지 않는다.

④ 중개대상물의 소재지와 사무소의 소재지가 다른 경우에는 그 **사무소의 소재지를 관할하는 시·도의 조례**로 정한 기준에 따라 중개보수를 받아야 한다.

⑤ **동일한 중개대상물**에 대하여 **동일 당사자**간에 매매를 포함한 둘 이상의 거래가 **동일 기회**에 이루어지는 경우에는 매매계약에 관한 거래금액만을 적용한다.

4. 보수의 지불시기

개업공인중개사와 중개의뢰인 간의 약정에 따르되, 약정이 없는 경우에는 **거래대금지급이 완료된 날**로 한다.

5. 실비의 부담자

실비의 한도는 중개대상물의 권리관계 등의 확인 또는 계약금 등의 반환채무이행 보장에 드는 비용으로 하되, 개업공인중개사가 영수증 등을 첨부하여 매도·임대 그 밖의 권리를 이전하고자 하는 중개의뢰인(계약금 등의 반환채무이행 보장에 소요되는 실비의 경우에는 매수·임차 그 밖의 권리를 취득하고자 하는 중개의뢰인을 말한다)에게 청구할 수 있다.

▌문제

기출1. 공인중개사법령상 중개보수의 제한에 관한 설명으로 옳은 것을 모두 것은? (다툼이 있으면 판례에 따름)

> ⊙ 공인중개사법령상 중개보수 제한 규정들은 공매대상 부동산 취득의 알선에 대해서는 적용되지 않는다.
>
> ⓒ 공인중개사법령에서 정한 한도를 초과하는 부동산 중개보수 약정을 한도를 초과하는 범위 내에서 무효이다.
>
> ⓒ 개업공인중개사는 중개대상물에 대한 거래계약이 완료되지 않을 경우에도 중개의뢰인과 중개행위에 상응하는 보수를 지급하기로 약정할 수 있고, 이 경우 공인중개사법령상 중개보수 제한 규정들이 적용된다.

① ⊙   ② ⓒ   ③ ⊙, ⓒ

④ ⓒ, ⓒ   ⑤ ⊙, ⓒ, ⓒ

기출2. A시에 중개사무소를 둔 개업공인중개사가 A시에 소재하는 주택(부속토지 포함)**에 대하여 아래와 같이 매매와 임대차계약을 동시에 중개하였다. 공인중개사법령상 개업공인중개사가 甲으로부터 받을 수 있는 중개보수의 최고한도액은?**

> [계약에 관한 사항]
>
> 1. 계약당사자: 甲(매도인, 임차인)과 乙(매수인, 임대인)
> 2. 매매계약
>   1) 매매대금: 2억 5천만원
>   2) 매매계약에 대하여 합의된 중개보수: 160만원
> 3. 임대차계약
>   1) 임대보증금: 1천만원   2) 월차임: 30만원
>   3) 임대기간: 2년
>
> [A시의 중개보수 조례 기준]
>
> 1. 거래금액 2억원 이상 9억원 미만(매매·교환): 상한요율 0.4%
> 2. 거래금액 5천만원 미만(임대차 등): 상한요율 0.5%(한도액 20만원)

① 100만원   ② 115만 5천원   ③ 120만원

④ 160만원   ⑤ 175만 5천원

01 **개업공인중개사의 중개보수에 관한 기술 중 옳은 것은?**

① 개업공인중개사의 고의 또는 과실로 인하여 중개의뢰인 간의 거래행위가 무효 · 취소 또는 해제된 경우에는 중개보수청구권이 소멸하므로 개업공인중개사는 보수를 반환하여야 한다.

② 주택 외의 중개대상물의 중개보수의 한도는 시 · 도의 조례로 정한다.

③ 주택 외의 중개대상물의 중개에 대한 보수는 그 일방으로부터 받을 수 있는 한도는 임대차 등의 경우에는 거래금액의 1천분의 8 이내로 한다.

④ 계약금 등의 반환채무이행 보장에 소요되는 실비의 경우에는 매도 · 임대 그 밖의 권리를 이전하고자 하는 중개의뢰인에게 청구할 수 있다.

⑤ 주택인 중개대상물 소재지와 중개사무소 소재지가 다른 경우, 개업공인중개사는 중개대상물 소재지를 관할하는 시 · 도의 조례에서 정한 기준에 따라 중개보수를 받아야 한다.

02 **개업공인중개사의 중개보수에 관한 기술 중 옳은 것은?**

① 주택 외의 중개대상물에 대한 중개보수는 중개의뢰인 쌍방으로부터 각각 받되, 그 쌍방으로부터 합산하여 받을 수 있는 중개보수의 한도는 거래금액의 1천분의 9 이내이다.

② 주거용 오피스텔에 대한 임대차를 중개한 경우에 일방으로부터 받을 수 있는 중개보수는 0.5%이내이다.

③ 교환계약의 경우 교환대상 중개대상물 중 거래금액이 큰 중개대상물의 가액을 중개보수 산정기준이 되는 거래금액으로 한다.

④ 중도금의 일부만 납부된 아파트 분양권의 매매를 중개하는 경우, 중개보수는 총 분양대금과 프리미엄을 합산한 금액을 거래금액으로 하여 계산한다.

⑤ 동일한 중개대상물에 대하여 동일한 당사자간에 매매와 임대차가 동일 기회에 이루어지는 경우, 매매계약과 임대차계약의 거래금액을 합산한 금액을 기준으로 보수를 산정한다.

03 개업공인중개사의 중개보수에 관한 기술 중 옳은 것은?

① 주택임대차 중개의 경우 중개보수는 국토교통부령이 정하는 범위 내에서 개업공인중개사와 중개의뢰인 간의 약정에 의해 받는다.

② 임대차 중 일부를 월세로 지급하는 경우 보증금이 5천만원 미만인 경우에는 월 단위의 차임액에 70을 곱한 금액을 보증금에 합산한 금액을 거래금액으로 하여 중개보수를 계산하여 받는다.

③ 복합건축물인 경우에 주택의 면적이 2분의 1 이하인 경우에는 주택 외의 중개보수 규정을 적용한다.

④ 개업공인중개사와 중개의뢰인 간에 중개보수의 지급시기 약정이 없을 때는 중개대상물의 거래대금 지급이 완료된 날로 한다.

⑤ 개업공인중개사가 중개보수 산정에 관한 지방자치단체의 조례를 잘못 해석하여 법령이 허용하는 금액을 초과한 중개보수를 받은 경우 처벌대상이 되지 않는다.

04 A시에 중개사무소를 둔 개업공인중개사 甲은 B시에 소재하는 乙 소유의 건축물(그 중 주택의 면적은 3분의 1임)에 대하여 乙과 丙 사이의 매매계약과 동시에 乙을 임차인으로 하는 임대차계약을 중개하였다. 이 경우 甲이 받을 수 있는 중개보수에 관한 설명으로 옳은 것을 모두 고른 것은?

> ㉠ 甲은 乙과 丙으로부터 각각 중개보수를 받을 수 있다.
> ㉡ 甲은 B시가 속한 시 · 도의 조례에서 정한 기준에 따라 중개보수를 받아야 한다.
> ㉢ 중개보수를 정하기 위한 거래금액의 계산은 매매계약에 관한 거래금액만을 적용한다.
> ㉣ 주택의 중개에 대한 보수 규정을 적용한다.

① ㉢

② ㉠, ㉢

③ ㉡, ㉣

④ ㉠, ㉡, ㉢

⑤ ㉠, ㉡, ㉣

05 A시에 중개사무소를 둔 개업공인중개사 甲은 B시에 소재하는 乙 소유의 오피스텔 (건축법령상 업무시설로 전용면적 80제곱미터이고, 상·하수도 시설이 갖추어진 전용입식 부엌, 전용수세식 화장실 및 목욕시설을 갖춤)에 대하여, 이를 매도하려는 乙과 매수하려는 丙의 의뢰를 받아 매매계약을 중개하였다. 이 경우 공인중개사법령상 甲이 받을 수 있는 중개보수 및 실비에 관한 설명으로 옳은 것을 모두 고른 것은?

> ㉠ 甲이 乙로부터 받을 수 있는 실비는 A시가 속한 시·도의 조례에서 정한 기준에 따른다.
> ㉡ 甲이 丙으로부터 받을 수 있는 중개보수의 상한요율은 거래금액의 1천분의 5이다
> ㉢ 甲은 乙과 丙으로부터 각각 중개보수를 받을 수 있다.
> ㉣ 주택(부속토지 포함)의 중개에 대한 보수 및 실비 규정을 적용한다.

① ㉣

② ㉠, ㉢

③ ㉡, ㉣

④ ㉠, ㉡, ㉢

⑤ ㉠, ㉡, ㉢, ㉣

06 Y시에 중개사무소를 둔 개업공인중개사 A의 중개로 매도인(甲)과 매수인(乙) 간에 X주택을 2억원에 매매하는 계약을 체결하고, 동시에 乙이 임차인(丙)에게 X주택을 보증금 3천만원, 월차임 20만원에 임대하는 계약을 체결하였다. A가 乙에게 받을 수 있는 중개보수의 최고액은?

구 분	중개보수 요율상한 및 한도액		
	거래가액	요율상한(%)	한도액
매매·교환	5천만원 이상~2억원 미만	0.5	80만원
	2억원 이상~6억원 미만	0.4	-
임대차 등	5천만원 미만	0.5	20만원
	5천만원 이상~1억원 미만	0.4	30만원

① 80만원

② 95만원

③ 100만원

④ 102만원

⑤ 125만원

07 개업공인중개사가 Y시 소재 X주택에 대하여 동일당사자 사이의 매매와 임대차를 동일 기회에 중개하는 경우, 일방당사자로부터 받을 수 있는 중개보수의 최고한도액은?

---

1. 甲(매도인, 임차인), 乙(매수인, 임대인)

2. 매매대금 : 1억 8천만원

3. 임대보증금 : 2천만원, 월차임 : 20만원

4. 임대기간 : 1년

5. Y시 주택매매 및 임대차 중개보수의 기준

   1) 매매금액 5천만원 이상 2억원 미만 : 상한요율 0.5%(한도액 80만원)

   2) 보증금액 5천만원 미만 : 상한요율 0.5%(한도액 20만원)

---

① 80만원 ② 90만원

③ 97만원 ④ 100만원

⑤ 107만원

08 개업공인중개사가 X시에 소재하는 주택의 면적이 3분의 1인 건축물에 대하여 매매와 임대차계약을 동시에 중개하였다. 개업공인중개사가 甲으로부터 받을 수 있는 중개보수의 최고한도액은?

〈계약 조건〉

1. 계약당사자 : 甲(매도인, 임차인)과 乙(매수인, 임대인)

2. 매매계약 : 1) 매매대금 : 1억원, 2) 매매계약에 대하여 합의된 중개보수 : 100만원

3. 임대차계약 : 1) 임대보증금 : 3천만원, 2) 월차임 : 30만원, 3) 임대기간 : 2년

〈X시 중개보수 조례 기준〉

1. 매매대금 5천만원 이상 2억원 미만 : 상한요율 0.5% (한도액 80만원)

2. 보증금액 5천만원 이상 1억원 미만 : 상한요율 0.4% (한도액 30만원)

---

① 50만원 ② 74만원

③ 90만원 ④ 100만원

⑤ 124만원

09 甲은 개업공인중개사 丙에게 중개를 의뢰하여 乙소유의 전용면적 80제곱미터 오피스텔을 보증금 3천만원, 월차임 100만원에 임대차계약을 체결하였다. 이 경우 丙이 甲으로부터 받을 수 있는 중개보수의 최고한도액은? (임차한 오피스텔은 건축법령상 업무시설로 상·하수도 시설이 갖추어진 전용입식 부엌, 전용수세식 화장실 목욕시설을 갖춤)

〈X시 중개보수 조례 기준〉

1. 보증금액 5천만원 이상 1억원 미만: 상한요율 0.4% (한도액 30만원)

2. 보증금액 1억원 이상 3억원 미만: 상한요율 0.3% (한도액 없음)

---

① 39만원 ② 40만원

③ 52만원 ④ 80만원

⑤ 104만원

테마 22. 행정처분(4-5문제)

1. 행정처분 개관

대상자	행정처분	처분권자	처분의 성격	사전 절차	행정처분 사항의 보고
공인중개사	자격취소	자격증을 교부한 시·도지사	**기속취소**	**청문**	5일 이내 장관 보고
	자격정지		재량처분	의견제출	–
개업 공인중개사	등록취소	등록관청(시·군·구 청장)	기속, 재량	**청문**	–
	업무정지		재량처분	의견제출	–
거래정보 사업자	지정취소	국토교통부장관	**재량취소**	**청문**	–

- 업무정지처분은 오직 개업공인중개사에게만 규정되어 있고, 자격정지처분은 오직 소속 공인중개사에게만 할 수 있다.
- 공인중개사에 대한 자격취소는 기속취소만 규정되어 있으므로 시·도지사는 반드시 자격을 취소하여야 하는 경우만 있고 취소할 수 있는 경우는 없다.
- 거래정보사업자에 대한 행정처분은 재량취소만 규정되어 있으므로 국토교통부장관은 거래정보사업자 지정을 취소해야 하는 경우는 없고 취소할 수 있는 경우만 있다.
- 개업공인중개사에 대한 업무정지처분과 공인중개사에 대한 자격정지처분은 청문사유에 해당되지 않는다.

2. 공인중개사에 대한 행정처분

구 분	자격취소처분	자격정지처분
처분권자	자격증을 교부한 시·도지사	좌동
절차의 이행	사무소 소재지 시·도지사	좌동
등록관청의 관여	없음	등록관청이 시·도지사에 통보
처분대상자	공인중개사(공인중개사인 개업공인중개사, 소속 공인중개사, 공인중개사)	소속 공인중개사
사 유	① 부정, ② 양도·대여 ③ 자격정지 ④ 이 법 또는 직무과 관련하여 ㉠ 범죄단체 등의 조직, ㉡ 사문서 위·변조·행사, ㉢ 사기, 횡령, 배임에 위반하여 금고 이상의 형(집행유예 포함)을 선고받은 경우	이중, 거래, 금지하고(6월) 인장, 거래, 확인하라(3월)
자격취득제한	3년	없음
자격증 반납	7일 이내에 자격증을 교부한 시·도지사에게 반납	없음
보 고	5일 이내에 국토교통부장관에 보고	없음
결격사유	3년간 결격사유	정지기간 결격사유
사전절차	청문	의견제출 기회부여

▌문제

기출1. 공인중개사법령상 공인중개사의 자격취소 등에 관한 설명으로 틀린 것은?

① 공인중개사의 자격취소처분은 청문을 거쳐 중개사무소의 개설등록증을 교부한 시·도지사가 행한다.

② 공인중개사가 자격정지처분을 받은 기간 중에 법인인 개업공인중개사의 임원이 되는 경우 시·도지사는 그 자격을 취소하여야 한다.

③ 자격취소처분을 받아 공인중개사자격증을 반납하려는 자는 그 처분을 받은 날부터 7일 이내에 반납해야 한다.

④ 시·도지사는 공인중개사의 자격취소처분을 한 때에는 5일 이내에 이를 국토교통부장관에게 보고하여야 한다.

⑤ 분실로 인하여 공인중개사자격증을 반납할 수 없는 자는 자격증 반납을 대신하여 그 이유를 기재한 사유서를 시·도지사가에 제출하여야 한다.

기출2. 공인중개사법령상 소속공인중개사의 규정 위반행위 중 자격정지기준이 6개월에 해당하는 것을 모두 고른 것은?

㉠ 2 이상의 중개사무소에 소속된 경우
㉡ 거래계약서에 서명·날인을 하지 아니한 경우
㉢ 등록하지 아니한 인장을 사용한 경우
㉣ 확인·설명의 근거자료를 제시하지 아니한 경우

① ㉠　　　　　　　② ㉠, ㉢　　　　　　　③ ㉡, ㉢
④ ㉠, ㉡, ㉣　　　⑤ ㉡, ㉢, ㉣

기출3. 공인중개사법령상 소속공인중개사에게 금지되는 행위를 모두 고른 것은?

㉠ 공인중개사 명칭을 사용하는 행위
㉡ 중개대상물에 대한 표시·광고를 하는 행위
㉢ 중개대상물의 매매를 업으로 하는 행위
㉣ 시세에 부당한 영향을 줄 목적으로 온라인 커뮤니티 등을 이용하여 특정 가격 이하로 중개를 의뢰하지 아니하도록 유도함으로써 개업공인중개사의 업무를 방해하는 행위

① ㉠, ㉡　　　　　　② ㉡, ㉣　　　　　　③ ㉢, ㉣
④ ㉡, ㉢, ㉣　　　⑤ ㉠, ㉡, ㉢, ㉣

01 공인중개사법령상 공인중개사 자격의 취소사유에 해당하는 것을 모두 고른 것은?

> ㉠ 개업공인중개사가 직무와 관련하여 형법상 배임죄로 금고 이상의 형을 선고받은 경우
> ㉡ 다른 사람에게 자기의 공인중개사자격증을 대여한 경우
> ㉢ 「공인중개사법」에 따라 공인중개사 자격정지처분을 받고 그 자격정지기간 중에 중개업무를 행한 경우

① ㉠   ② ㉢   ③ ㉠, ㉡
④ ㉡, ㉢   ⑤ ㉠, ㉡, ㉢

02 다음 중 공인중개사에 대한 재재의 설명 중 옳은 것은?

① 공인중개사자격증을 교부한 시·도지사와 공인중개사사무소의 소재지를 관할하는 시·도지사가 서로 다른 경우, 국토교통부장관이 공인중개사의 자격취소처분을 행한다.

② 개업공인중개사가 직무와 관련하여 형법상 사기죄로 징역형을 선고받은 경우는 자격취소사유에 해당되지 않는다.

③ 시·도지사는 공인중개사의 자격을 취소하고자 하거나 자격정지처분을 하고자 하는 경우에는 청문을 실시하여야 한다.

④ 소속 공인중개사가 자격정지기간 중에 중개업무를 행한 경우에는 자격취소사유에 해당된다.

⑤ 형법상 폭행죄로 법원으로부터 징역형을 선고받은 경우는 자격취소사유에 해당된다.

03 다음 중 공인중개사에 대한 자격취소와 자격정지처분에 대한 기술 중 옳은 것은?

① 공인중개사자격증을 대여한 경우는 자격정지처분사유에 해당된다.

② 공인중개사가 거래계약서에 거래금액을 지나치게 적은 금액으로 거짓 기재한 경우 자격취소사유가 된다.

③ 2 이상의 중개사무소의 소속공인중개사가 된 경우는 자격정지처분사유에 해당된다.

④ 소속 공인중개사가 자격정지처분을 받은 경우에는 7일 이내에 자격증을 교부한 시·도지사에게 자격증을 반납하여야 한다.

⑤ 공인중개사자격이 취소된 자는 취소된 후 5년이 경과하지 않으면 공인중개사가 될 수 없다.

04 다음 중 소속 공인중개사에 대한 자격정지처분에 대한 기술 중 틀린 것은?

① 소속 공인중개사가 중개행위를 수행하고 거래계약서에 서명 및 날인하지 않은 경우에는 6월의 범위 내에서 자격정지처분을 할 수 있다.

② 소속 공인중개사가 거래계약서에 거래내용을 거짓으로 기재한 경우의 자격정지 기준월은 3월이다.

③ 소속 공인중개사가 중개의뢰인으로부터 보수를 초과하여 받은 경우에는 자격정지처분사유에 해당되며, 기준월은 6월이다.

④ 시 · 도지사는 위반행위의 동기 · 결과 및 횟수 등을 참작하여 자격정지기간의 2분의 1의 범위 안에서 가중 또는 감경할 수 있다.

⑤ 소속 공인중개사가 개업공인중개사 등의 금지행위를 한 경우에 자격정지처분사유에 해당되며, 기준월은 6월이다.

3. 개업공인중개사에 대한 행정처분

(1) 등록취소처분

① 절대적 등록취소(필요적 취소 · 기속취소)

암 기	사 유
보	중개공인중개사가 중개**보**조원 수를 초과하여 고용한 경우
사	개인인 개업공인중개사가 **사**망하거나 법인이 해산한 경우
부	거짓 그 밖의 **부**정한 방법으로 중개사무소의 개설등록을 한 경우
결	**결**격사유에 해당하게 된 경우.
이	**이**중으로 중개사무소의 개설등록을 한 경우
이	다른 개업공인중개사의 소속공인중개사 · 중개보조원 또는 개업공인중개사인 법인의 사원 · 임원이 된 경우(=**이**중소속)
양	다른 사람에게 자기의 성명 또는 상호를 사용하여 중개업무를 하게 하거나 중개사무소등록증을 **양**도 또는 대여한 경우
업	**업**무정지기간 중에 중개업무를 하거나 자격정지처분을 받은 소속공인중개사로 하여금 자격정지기간 중에 중개업무를 하게 한 경우
2	최근 1년 이내에 이 법에 의하여 **2회** 이상 업무정지처분을 받고 다시 업무정지처분에 해당하는 행위를 한 경우

② 상대적 등록취소(임의적 취소 · 재량취소)

암기	사유
휴	계속하여 6개월을 초과하여 **휴**업한 경우
업	손해배상책임을 보장하기 위한 조치(**업**무보증)를 이행하지 아니하고 업무를 개시한 경우
계	거래**계**약서에 거래금액 등 거래내용을 거짓으로 기재하거나 서로 다른 2 이상의 거래계약서를 작성한 경우
이	2 **이**상의 중개사무소를 둔 경우
전	**전**속중개계약을 체결하고 중개대상물에 관한 정보를 공개하지 아니하거나 중개의뢰인의 비공개요청에도 불구하고 정보를 공개한 경우
시	임**시** 중개시설물을 설치한 경우
3	최근 1년 이내에 이 법에 의하여 **3**회 이상 업무정지 또는 과태료의 처분을 받고 다시 업무정지 또는 과태료의 처분에 해당하는 행위를 한 경우(절대적 취소사유에 해당하는 경우를 제외한다)
등	**등**록기준에 미달하게 된 경우
금	법인인 개업공인중개사가 겸업**금**지에 위반한 경우
지	금**지**행위를 한 경우(매매, 협조, 보수, 중요, 증서, 직접, 투기, 시세, 단체)
2/2	개업공인중개사가 조직한 사업자단체 또는 그 구성원인 개업공인중개사가 「독점규제 및 공정거래에 관한 법률」에 위반하여 시정조치 또는 과징금 처분을 최근 **2**년 이내에 **2**회 이상 받은 경우

⑵ **업무정지처분**

① 업무정지처분 사유 : 등록관청은 개업공인중개사가 다음 각 호의 어느 하나에 해당하는 경우에는 6월의 범위 안에서 기간을 정하여 업무의 정지를 명할 수 있다. 이 경우 법인인 개업공인중개사에 대하여는 법인 또는 분사무소별로 업무의 정지를 명할 수 있다.

② 업무정지처분의 기준 : 등록관청은 위반행위의 동기·결과 및 횟수 등을 참작하여 업무정지처분의 기준 중에서 업무정지기간의 2분의 1의 범위 안에서 가중 또는 감경할 수 있다. 이 경우 가중하여 처분하는 경우에도 업무정지기간은 6월을 초과할 수 없다.

③ 업무정지처분 시효 : 업무정지처분은 **업무정지처분사유가 발생한 날부터 3년**이 경과한 때에는 이를 할 수 없다.

▌업무정지처분과 자격정지처분의 비교

	업무정지처분	자격정지처분
처분권자	등록관청	자격증을 교부한 시·도지사
처분대상자	개업공인중개사	소속 공인중개사
처분기간	6월의 범위 내에서 기간을 정하여	좌동
처분의 효력	중개업무 금지	중개업무 금지, 개업공인중개사는 2월 이내에 해소의무
결격사유	폐업하면 정지기간동안 결격사유	정지기간동안 결격사유
시효제도	위반행위부터 3년	없음

⑶ **행정제재처분의 승계 등**

① 재등록 개업공인중개사에 대한 행정처분 : 개업공인중개사가 폐업신고 후 다시 중개사무소의 개설등록을 한 때에는 폐업신고 전의 개업공인중개사의 지위를 승계한다. 그러므로 재등록 개업공인중개사에 대하여 폐업신고 전의 행정처분, 업무정지의 위반행위에 대한 행정처분을 할 수 있다. 행정처분을 함에 있어서는 폐업기간과 폐업의 사유 등을 고려하여야 한다. 다만, 다음 각 호의 어느 하나에 해당하는 경우를 제외한다.

㉠ **폐업기간이 3년을 초과**한 경우

㉡ 폐업신고 전의 위반행위에 대한 행정처분이 업무정지에 해당하는 경우로서 **폐업기간이 1년을 초과**한 경우

② 행정처분과 과태료처분의 승계 : 폐업신고 전의 개업공인중개사에 대하여 업무정지 또는 과태료처분의 위반행위를 사유로 행한 행정처분의 효과는 그 **처분일부터 1년간** 재등록 개업공인중개사에게 승계된다.

4. 거래정보사업자에 대한 행정처분

⑴ **지정취소 처분권자 :** 국토교통부장관

⑵ **지정취소 처분사유**

① 거짓 그 밖의 부정한 방법으로 지정을 받은 경우

② 거래정보사업자가 운영규정 위반

③ 거래정보사업자가 공개의무 위반

④ 정당한 사유 없이 지정받은 날부터 1년 이내에 부동산거래정보망을 설치·운영하지 아니한 경우

⑤ 개인인 거래정보사업자의 사망 또는 법인인 거래정보사업자의 해산 그 밖의 사유로 부동산거래정보망의 계속적인 운영이 불가능한 경우

5. 청 문

⑴ **청문의 의의**

⑵ **청문사유**

청문사유에 해당하는 것	청문사유에 해당하지 않는 것(사전절차)
• 공인중개사 자격의 취소 • 중개사무소 개설등록의 취소 • 거래정보사업자의 지정취소	• 자격정지처분(의견진술 기회부여) • 업무정지처분(의견진술 기회부여) • 과태료처분(의견진술 기회부여)

단, ① 개인인 거래정보사업자의 **사망** 또는 법인인 거래정보사업자의 **해산** 그 밖의 사유로 부동산거래정보망의 계속적인 운영이 불가능한 경우의 지정취소처분과 ② 개업공인중개사가 **사망**하거나 법인인 개업공인중개사가 **해산**하여 등록을 취소하는 경우는 청문사유에 해당되지 않는다.

⑶ **청문절차**

행정절차법이 정하는 절차에 의하여 청문을 실시한다.

▌문제

기출1. 공인중개사법령상 등록관청이 중개사무소의 개설등록을 취소하여야 하는 사유로 명시되지 않은 것은?

① 개업공인중개사가 업무정지기간 중에 중개업무를 한 경우

② 개인인 개업공인중개사가 사망한 경우

③ 개업공인중개사가 이중으로 중개사무소의 개설등록을 한 경우

④ 개업공인중개사가 천막 그 밖에 이동이 용이한 임시 중개시설물을 설치한 경우

⑤ 개업공인중개사가 최근 1년 이내에 이 법에 의하여 2회 이상 업무정지처분을 받고 다시 업무정지처분에 해당하는 행위를 한 경우

기출2. 공인중개사법령상 행정제재처분효과의 승계 등에 관한 설명으로 옳은 것은?

① 폐업신고한 개업공인중개사의 중개사무소에 다른 개업공인중개사가 중개사무소를 개설등록한 경우 그 지위를 승계한다.

② 중개대상물에 관한 정보를 거짓으로 공개한 사유로 행한 업무정지처분의 효과는 그 처분에 대한 불복기간이 지난 날부터 1년간 다시 중개사무소의 개설등록을 한 자에게 승계된다.

③ 폐업신고 전의 위반행위에 대한 행정처분이 업무정지에 해당하는 경우로서 폐업기간이 6개월인 경우 재등록 개업공인중개사에게 그 위반행위에 대해서 행정처분을 할 수 없다.

④ 재등록 개업공인중개사에 대하여 폐업신고 전의 업무정지에 해당하는 위반행위를 이유로 행정처분을 할 때 폐업기간과 폐업의 사유는 고려하지 않는다.

⑤ 개업공인중개사가 2022. 4. 1. 과태료 부과 처분을 받은 후 폐업신고를 하고 2023. 3. 2. 다시 중개사무소의 개설등록을 한 경우 그 처분의 효과는 승계된다.

01 다음 중 개업공인중개사에 대한 행정처분에 대한 기술 중 옳은 것은?

① 미등기 전매행위 등 부동산투기를 조장하는 행위를 한 경우는 절대적 취소 사유에 해당된다.

② 자격정지처분을 받은 소속공인중개사로 하여금 자격정지기간 중에 중개업무 를 하게 한 개업공인중개사는 절대적 취소사유에 해당된다.

③ 거래계약서에 거래금액 등 거래내용을 거짓으로 기재하거나 서로 다른 2 이 상의 거래계약서를 작성한 개업공인중개사는 절대적 취소사유에 해당된다.

④ 등록기준에 미달하게 된 경우는 절대적 취소사유에 해당된다.

⑤ 2 이상의 중개사무소를 둔 경우와 임시중개시설물을 설치한 경우는 절대적 취소사유에 해당된다.

02 공인중개사법령상 개업공인중개사에 대한 업무정지처분을 할 수 있는 사유에 해당 하는 것을 모두 고른 것은?

> ㉠ 부동산거래정보망에 중개대상물에 관한 정보를 거짓으로 공개한 경우
> ㉡ 거래당사자에게 교부해야 하는 중개대상물확인·설명서를 교부하지 않은 경우
> ㉢ 거래당사자에게 교부해야 하는 거래계약서를 적정하게 작성·교부하지 않은 경우
> ㉣ 해당 중개대상물의 거래상의 중요사항에 관하여 거짓된 언행으로 중개의 뢰인의 판단을 그르치게 하는 행위를 한 경우

① ㉠, ㉢   ② ㉡, ㉣   ③ ㉠, ㉡, ㉢

④ ㉡, ㉢, ㉣   ⑤ ㉠, ㉡, ㉢, ㉣

03 다음 중 개업공인중개사에 대한 행정처분에 대한 기술 중 옳은 것은?

① 개업공인중개사가 등록하지 아니한 인장을 사용한 경우, 등록관청이 명할 수 있는 업무정지기간의 기준은 3개월이다.

② 업무정지기간을 가중하여 처분하는 경우에는 6월을 초과할 수 있다.

③ 업무정지처분은 업무정지처분에 해당되는 어느 하나에 해당하는 사유가 발생한 날부터 1년이 경과한 때에는 이를 할 수 없다.

④ 개업공인중개사가 중개사무소를 관할 구역 밖으로 이전한 경우에 이전 전의 위반행위에 대한 행정처분은 이전 전의 등록관청이 행한다.

⑤ 등록취소처분은 등록취소처분에 해당되는 어느 하나에 해당하는 사유가 발생한 날부터 3년이 경과한 때에는 이를 할 수 없다.

04 공인중개사법령상 개업공인중개사의 업무정지사유이면서 중개행위를 한 소속공인중개사의 자격정지사유에 해당하는 것을 모두 고른 것은?

┌───┐
⊙ 인장등록을 하지 아니한 경우
ⓒ 중개대상물확인 · 설명서에 서명 및 날인을 하지 아니한 경우
ⓒ 거래계약서에 서명 및 날인을 하지 아니한 경우
ⓔ 중개대상물확인 · 설명서를 교부하지 않은 경우
└───┘

① ㉠, ㉡   ② ㉢, ㉣   ③ ㉠, ㉡, ㉢

④ ㉡, ㉢, ㉣   ⑤ ㉠, ㉡, ㉢, ㉣

05 개업공인중개사 甲, 乙, 丙에 대한 「공인중개사법」 제40조(행정제재처분효과의 승계 등)의 적용에 관한 설명으로 옳은 것을 모두 고른 것은?

> ㉠ 甲이 2020. 11. 16. 「공인중개사법」에 따른 과태료부과처분을 받았으나, 2020. 12. 16. 폐업신고를 하였다가 2021. 10. 15. 다시 중개사무소의 개설등록을 하였다면, 위 과태료부과처분의 효과는 승계된다.
>
> ㉡ 乙이 2020. 8. 1. 국토교통부령으로 정하는 전속중개계약서에 의하지 않고 전속중개계약을 체결한 후, 2020. 9. 1. 폐업신고를 하였다가 2021. 10. 1. 다시 중개사무소의 개설등록을 하였다면, 등록관청은 업무정지처분을 할 수 있다.
>
> ㉢ 丙이 2018. 8. 5. 다른 사람에게 자기의 상호를 사용하여 중개업무를 하게 한 후, 2018. 9. 5. 폐업신고를 하였다가 2021. 10. 5. 다시 중개사무소의 개설등록을 하였다면, 등록관청은 개설등록을 취소해야 한다.

① ㉠

② ㉠, ㉡

③ ㉠, ㉢

④ ㉡, ㉢

⑤ ㉠, ㉡, ㉢

06 공인중개사법령상 행정제재처분효과의 승계 등에 관한 설명으로 옳은 것을 모두 고른 것은?

> ㉠ 폐업신고 전에 개업공인중개사에게 한 업무정지처분의 효과는 그 처분일부터 2년간 재등록 개업공인중개사에게 승계된다.
>
> ㉡ 폐업기간이 2년을 초과한 재등록 개업공인중개사에 대해 폐업신고 전의 중개사무소 업무정지사유에 해당하는 위반행위를 이유로 행정처분을 할 수 없다.
>
> ㉢ 폐업신고 전에 개업공인중개사에게 한 과태료부과처분의 효과는 그 처분일부터 10개월된 때에 재등록을 한 개업공인중개사에게 승계된다.
>
> ㉣ 폐업기간이 3년 6개월이 지난 재등록 개업공인중개사에게 폐업신고 전의 중개사무소 개설등록 취소사유에 해당하는 위반행위를 이유로 개설등록 취소처분을 할 수 없다.

① ㉠

② ㉠, ㉣

③ ㉡, ㉢

④ ㉡, ㉢, ㉣

⑤ ㉠, ㉡, ㉢, ㉣

테마 23. 공인중개사협회(1문제)

▌공인중개사 정책심의위원회와 공제사업 운영위원회의 비교

구 분	정책심의위원회	공제사업 운영위원회
설 치	국토교통부에 둘 수 있다 (임의기관)	협회에 둔다 (필수기관)
구 성	위원장 1명을 포함하여 7명 이상 11명 이내의 위원	19명 이내의 위원
위원장	국토교통부 제1차관	1명(위원 중에서 호선)
부위원장	없음(위원장이 미리 지명한 위원이 대행)	1명(위원 중에서 호선)
위원의 임기	공무원을 제외하고 2년 새로 위촉된 위원의 임기는 전임위원 임기의 남은 기간	공무원과 협회 회장을 제외하고 2년 1회 연임가능 보궐위원의 임기는 전임자 임기의 남은 기간
위원 제척 등	제척, 기피, 회피	없음

▌공인중개사법령상 승인사항 등 정리

구 분	내 용	행정기관
인가사항	협회설립	국토교통부 장관
승인사항	• 거래정보사업자가 운영규정을 작성한 경우 및 변경하고자 하는 경우 • 한국부동산원이 부동산거래질서교란행위 신고센터의 업무처리방법, 절차 등에 관한 운영규정을 정한 경우 및 변경하고자 하는 경우 • 공인중개사협회가 공제규정을 작성한 경우 및 변경하고자 하는 경우 • 공인중개사협회가 공제사업의 책임준비금을 다른 용도로 사용하고자 하는 경우	국토교통부 장관
보고사항	협회가 총회 의결내용	국토교통부 장관
신고사항	협회가 지부 설치시	시 · 도지사
	협회가 지회 설치시	등록관청

■ **문제**

> **기출1. 공인중개사법령상 공인중개사협회**(이하 '협회'라 함) **및 공제사업에 관한 설명으로 옳은 것은?**
>
> ① 협회는 총회의 의결내용을 10일 이내에 시·도지사에게 보고하여야 한다.
> ② 협회는 매 회계연도 종료 후 3개월 이내에 공제사업 운용실적을 일간신문에 공시하거나 협회의 인터넷 홈페이지에 게시해야 한다.
> ③ 협회의 창립총회를 개최할 경우 특별자치도에서는 10인 이상의 회원이 참여하여야 한다.
> ④ 공제규정에는 책임준비금의 적립비율을 공제료 수입액의 100분의 5 이상으로 정한다.
> ⑤ 협회는 공제사업을 다른 회계와 구분하여 별도의 회계로 관리하여야 한다.

01 **공인중개사법령상 공인중개사협회**(이하 '협회'라 함)**에 대한 기술 중 옳은 것은?**

① 개업공인중개사가 중개사무소 개설등록을 하면 당연히 협회의 회원이 된다.
② 협회는 회원 300인 이상이 발기인이 되어 정관을 작성하고 창립총회의 의결을 거친 후 국토교통부장관의 인가를 받아 성립한다.
③ 협회가 정관을 작성한 경우에는 국토교통부장관의 승인을 받아야 한다.
④ 협회는 총회의 의결내용을 10일 이내에 국토교통부장관에게 보고해야 한다.
⑤ 협회의 창립총회에는 600인 이상의 개업공인중개사가 참석하여야 한다.

02 **공인중개사법령상 공인중개사협회**(이하 '협회'라 함)**에 대한 기술 중 틀린 것은?**

① 협회는 부동산중개제도의 연구·개선에 관한 업무를 수행할 수 있다.
② 협회가 공제사업을 하고자 하는 때에는 공제규정을 제정하여 국토교통부장관의 승인을 얻어야 한다.
③ 협회는 공제사업 운용실적을 매 회계연도 종료 후 3월 이내에 일간신문 또는 협회보에 공시하고 협회의 인터넷 홈페이지에 게시하여야 한다.
④ 협회는 시·도에 지부를 둘 수 있고, 지부는 시·도지사가 지도·감독한다.
⑤ 협회가 공제사업의 책임준비금을 다른 용도로 사용하고자 하는 경우는 국토교통부장관의 승인을 받아야 한다.

03 공인중개사법령상 공인중개사협회(이하 '협회'라 함)에 대한 기술 중 틀린 것은?

① 국토교통부장관은 협회가 공제사업의 건전성을 해할 우려가 있다고 인정되는 경우에는 시정을 명할 수 있다.

② 협회는 공제사업에 관한 사항을 심의하고 그 업무집행을 감독하기 위하여 운영위원회를 둔다.

③ 운영위원회는 예산 및 결산에 관한 사항과 차입금에 관한 사항을 심의한다.

④ 운영위원회의 위원의 수는 19명 이내로 한다.

⑤ 운영위원회에는 위원장과 부위원장을 각각 1명씩 두되, 위원장은 협회의 회장이 된다.

04 공인중개사법령상 공인중개사협회(이하 '협회'라 함)에 대한 기술 중 틀린 것은?

① 금융감독원의 원장은 국토교통부장관의 요청이 있는 경우에는 협회의 공제사업에 관하여 조사 또는 검사를 할 수 있다.

② 공제사업에 관한 운영위원회는 재적위원 과반수의 출석으로 개의하고, 출석위원 과반수의 찬성으로 심의사항을 의결한다.

③ 협회는 재무건전성 기준으로 지급여력비율을 100분의 100 이상을 유지해야 한다.

④ 공제조합 관련 업무에 관한 학식과 경험이 풍부한 사람으로서 해당 업무에 3년 이상 종사한 사람으로 협회 회장이 추천하고 국토부장관이 승인한 사람은 운영위원회의 위원이 될 수 있다.

⑤ 협회에 관하여 공인중개사법령에 규정된 것 외에는 「민법」 중 사단법인에 관한 규정을 적용한다.

테마 24. 포상금 제도(1문제)

1. 포상금 지급대상

포상금은 다음의 어느 하나에 해당하는 자가 행정기관에 의하여 발각되기 전에 등록관청, 수사기관이나 부동산거래질서교란행위 신고센터에 신고 또는 고발한 자에게 그 신고 또는 고발사건에 대하여 **검사가 공소제기 또는 기소유예**의 결정을 한 경우에 한하여 지급한다. 포상금은 1건당 50만원으로 하며, 포상금의 지급에 소요되는 비용 중 국고에서 보조할 수 있는 비율은 100분의 50 이내로 한다.

1. 중개사무소의 개설등록을 하지 아니하고 중개업을 한 자
2. 거짓이나 그 밖의 부정한 방법으로 중개사무소의 개설등록을 한 자
3. 중개사무소등록증 또는 공인중개사자격증을 다른 사람에게 양도·대여하거나 다른 사람으로부터 양수·대여받은 자
4. **개업공인중개사가 아닌 자가 중개대상물에 대한 표시·광고를 한 자**
5. 개업공인중개사 등의 금지행위 중 2가지
   ⑴ 부당한 이익을 얻거나 제3자에게 부당한 이익을 얻게 할 목적으로 거짓으로 거래가 완료된 것처럼 꾸미는 등 중개대상물의 시세에 부당한 영향을 주거나 줄 우려가 있는 행위
   ⑵ 단체를 구성하여 특정 중개대상물에 대하여 중개를 제한하거나 단체 구성원 이외의 자와 공동중개를 제한하는 행위
6. 개업공인중개사 등의 업무방해행위 5가지
   ⑴ 안내문, 온라인 커뮤니티 등을 이용하여 특정 개업공인중개사 등에 대한 중개의뢰를 제한하거나 제한을 유도하는 행위
   ⑵ 안내문, 온라인 커뮤니티 등을 이용하여 중개대상물에 대하여 시세보다 현저하게 높게 표시·광고 또는 중개하는 특정 개업공인중개사 등에게만 중개의뢰를 하도록 유도함으로써 다른 개업공인중개사 등을 부당하게 차별하는 행위
   ⑶ 안내문, 온라인 커뮤니티 등을 이용하여 특정 가격 이하로 중개를 의뢰하지 아니하도록 유도하는 행위
   ⑷ 정당한 사유 없이 개업공인중개사 등의 중개대상물에 대한 정당한 표시·광고 행위를 방해하는 행위
   ⑸ 개업공인중개사 등에게 중개대상물을 시세보다 현저하게 높게 표시·광고하도록 강요하거나 대가를 약속하고 시세보다 현저하게 높게 표시·광고하도록 유도하는 행위

2. 포상금 지급절차

⑴ 포상금을 지급받고자 하는 자는 **포상금지급신청서를 등록관청**에 제출하여야 한다.

⑵ 포상금지급신청서를 제출받은 등록관청은 그 사건에 관한 수사기관의 처분내용을 조회한 후 포상금의 지급을 결정하고, 그 **결정일부터 1월** 이내에 포상금을 지급하여야 한다.

⑶ 등록관청은 하나의 사건에 대하여 2인 이상이 공동으로 신고 또는 고발한 경우에는 포상금을 **균등**하게 배분하여 지급한다.

   다만, 포상금을 지급받을 자가 배분방법에 관하여 미리 합의하여 포상금의 지급을 신청한 경우에는 그 합의된 방법에 따라 지급한다.

⑷ 등록관청은 하나의 사건에 대하여 2건 이상의 신고 또는 고발이 접수된 경우에는 **최초**로 신고 또는 고발한 자에게 포상금을 지급한다.

▌문제

기출1. 공인중개사법령상 포상금을 지급받을 수 있는 신고 또는 고발의 대상을 모두 고른 것은?

> ㉠ 중개대상물의 매매를 업으로 하는 행위를 한 자
> ㉡ 공인중개사자격증을 다른 사람으로부터 대여 받은 자
> ㉢ 해당 중개대상물의 거래상의 중요사항에 관하여 거짓된 언행으로 중개의뢰인의 판단을 그르치게 하는 행위를 한 자

① ㉠   ② ㉡   ③ ㉠, ㉢
④ ㉡, ㉢   ⑤ ㉠, ㉡, ㉢

---

01 다음 중 공인중개사법령상 포상금 지급대상이 되는 위반행위에 해당되는 것은 모두 고른 것은?

> ㉠ 개업공인중개사가 아닌 자가 중개대상물에 대한 표시·광고를 한 자
> ㉡ 미등기 전매행위 등 부동산투기를 조장하는 행위를 한 자
> ㉢ 개업공인중개사 등에게 중개대상물을 시세보다 현저하게 높게 표시·광고하도록 강요한 자
> ㉣ 단체를 구성하여 단체구성원 이외의 자와 공동중개를 제한하는 행위를 한 자

① ㉠, ㉡   ② ㉠, ㉢   ③ ㉢, ㉣
④ ㉠, ㉢, ㉣   ⑤ ㉡, ㉢, ㉣

---

02 공인중개사법령상 포상금에 대한 기술 중 옳은 것은?

① 등록관청은 하나의 사건에 대하여 2건 이상의 신고 또는 고발이 접수된 경우에는 건수에 따라 균등하게 배분하여 신고 또는 고발한 자에게 포상금을 지급한다.

② 등록관청은 포상금의 지급결정일부터 1월 이내에 포상금을 지급해야 한다.

③ 등록관청은 공인중개사자격증의 양도·대여를 사유로 포상금을 지급한 경우 자격증을 교부한 시·도에 그 사실을 통보하여야 한다.

④ 공인중개사자격증을 양도·대여한 자를 신고한 자에 대한 포상금은 자격증을 교부한 시·도지사가 지급한다.

⑤ 무등록으로 중개업을 한 자를 수사기관에 신고 또는 고발한 자에 대한 포상금은 수사기관에서 지급한다.

03 공인중개사법령상 포상금에 대한 기술 중 틀린 것은?

① 개업공인중개사가 아닌 자가 중개대상물에 대한 표시·광고를 한 자를 신고한 자에 대하여 등록관청에서 포상금을 지급한다.

② 안내문, 온라인 커뮤니티 등을 이용하여 특정 가격 이하로 중개를 의뢰하지 아니하도록 유도하는 행위는 포상금 지급대상이 되는 위반행위에 해당된다.

③ 개업공인중개사 등에게 중개대상물을 시세보다 현저하게 높게 표시·광고하도록 강요하는 행위는 포상금 지급대상이 되는 위반행위에 해당된다.

④ 단체를 구성하여 특정 중개대상물에 대하여 중개를 제한하거나 단체 구성원 이외의 자와 공동중개를 제한하는 행위는 포상금 지급대상이 되는 위반행위에 해당된다.

⑤ 개업공인중개사가 중개대상물이 존재하지 않아서 중개할 수 없는 중개대상물에 대한 광고를 한 경우는 포상금 지급대상이 되는 위반행위에 해당된다.

04 공인중개사법령상 포상금에 대한 기술 중 옳은 것은?

① 하나의 사건에 대하여 2인 이상이 공동으로 신고한 경우 포상금은 1인당 50만원이다.

② 하나의 사건에 대하여 2인 이상이 공동으로 신고한 경우 공인중개사법령이 정한 균등배분방법은 공동포상금을 수령할 자가 합의한 배분방법에 우선하여 적용된다.

③ 중개사무소의 개설등록을 하지 아니하고 중개업을 하고 있는 C를 甲과 乙이 공동으로 신고한 경우에 갑의 포상금은 50만원이다.

④ 乙이 중개사무소등록증을 다른 사람에게 양도한 D를 신고한 이후에, 甲도 D를 신고하면 甲의 포상금은 없다.

⑤ E가 부정한 방법으로 중개사무소를 개설등록한 사실이 등록관청에 의해 발각된 이후, 甲과 乙은 E를 공동으로 신고하면 甲은 25만원의 포상금을 받는다.

05 공인중개사법령상 甲과 乙이 받을 수 있는 포상금의 최대 금액은?

> - 甲은 중개사무소를 부정한 방법으로 개설등록한 A와 B를 각각 고발하였으며, 검사는 A를 공소제기 하였고, B를 무혐의처분 하였다.
> - 乙은 중개사무소를 부정한 방법으로 개설등록한 C를 신고하였으며, C는 형사재판에서 무죄판결을 받았다.
> - 甲과 乙은 포상금배분에 관한 합의 없이 중개사무소등록증을 대여한 D를 공동으로 고발하여 D는 기소유예의 처분을 받았다.
> - 중개사무소의 개설등록을 하지 않고 중개업을 하는 E를 乙이 신고한 이후에 甲도 E를 신고하였고, E는 형사재판에서 유죄판결을 받았다.
> - A, B, C, D, E는 甲 또는 乙의 위 신고·고발 전에 행정기관에 의해 발각되지 않았다.

① 甲 : 75만원,   乙 : 50만원
② 甲 : 75만원,   乙 : 75만원
③ 甲 : 75만원,   乙 : 125만원
④ 甲 : 125만원, 乙 : 75만원
⑤ 甲 : 125만원, 乙 : 125만원

06 공인중개사법령상 수수료납부 대상자에 해당하는 것은 모두 몇 개인가?

> - 분사무소설치의 신고를 하는 자
> - 중개사무소의 개설등록을 신청하는 자
> - 중개사무소의 휴업을 신고하는 자
> - 중개사무소등록증의 재교부를 신청하는 자
> - 공인중개사 자격시험에 합격하여 공인중개사자격증을 처음으로 교부받는 자

① 1개   ② 2개
③ 3개   ④ 4개
⑤ 5개

테마 25. 부동산거래질서교란행위 신고센터의 설치 · 운영(1문제)

1. 신고센터의 설치 · 운영

국토교통부장관은 다음에 해당되는 부동산거래질서교란행위를 방지하기 위하여 부동산거래질서교란행위 신고센터(이하 "신고센터"라 한다)를 설치 · 운영할 수 있다(법 제47조의2 제1항).

⑴ 자격증 대여 등의 금지, 유사명칭 사용금지, 중개사무소 개설등록, 중개보조원의 고지의무, 업무방해행위

⑵ 거짓이나 부정한 방법으로 중개사무소 개설등록한 자

⑶ **개업공인중개사**가 이중등록, 2 이상의 사무소 설치(임시중개시설물 포함), 법인의 업무범위 위반, 중개보조원 초과고용, 게시의무 위반, 사무소명칭 위반, 등록증 대여 등의 금지, 확인 · 설명의무 위반, 임대차 중개시 설명의무, 거래계약서에 거래내용 거짓기재하는 위반행위

⑷ **개업공인중개사** 등이 이중소속, 비밀준수의무, 금지행위에 해당되는 위반행위를 한 경우

⑸ 부동산 거래신고 등에 관한 법률에 위반한 경우

▌부동산거래질서교란행위 신고센터

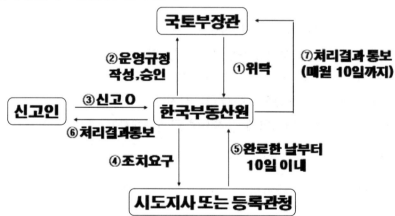

▌인터넷 표시 · 광고 모니터링과 부동산거래질서교란행위 신고센터의 비교

구 분	인터넷 표시 · 광고 모니터링	부동산거래질서교란행위 신고센터의 설치 · 운영
주 체	국토교통부장관	국토교통부장관
내 용	인터넷을 이용한 중개대상물의 표시 · 광고의 법규정 준수 여부	부동산거래질서교란행위
위 탁	① 공공기관 ② 정부출연연구기관 ③ 비영리 법인으로서 관련된 업무를 수행하는 법인 ④ 국토교통부장관이 인정하는 기관 또는 단체	「한국부동산원법」에 따른 한국부동산원
수탁기관의 업무	(1) 모니터링 업무수행(기본, 수시) (2) 계획서 제출(기본, 수시) (3) 결과보고서 제출(기본, 수시) • 기본 모니터링 업무는 매분기의 마지막 날부터 30일 이내 • 수시 모니터링 업무는 업무를 완료한 날부터 15일 이내	(1) 교란행위 신고의 접수 및 상담 (2) 신고사항에 대한 시 · 도지사 및 등록관청에 조치요구 (3) 신고인에게 신고사항 처리결과 통보
시 · 도지사 및 등록관청의 처리결과 통보	완료한 날부터 10일 이내 국토교통부장관에 통보	• 완료한 날부터 10일 이내 신고센터에 통보 • 매월 10일까지 직전 달의 신고사항 접수 및 처리결과를 국토교통부장관에게 통보
운영규정 작성 · 승인	없다	있다

▌문제

01 다음 중 부동산거래질서교란행위 신고센터에 대한 기술 중 타당하지 않은 것은?

① 신고센터에 부동산거래질서교란행위를 신고하려는 자는 서면(전자문서를 포함한다)으로 제출해야 한다.

② 신고센터는 매월 10일까지 직전 달의 신고사항 접수 및 처리결과 등을 국토교통부장관에게 제출해야 한다.

③ 신고센터로부터 신고사항의 조사 및 조치 요구를 받은 시·도지사 및 등록관청 등은 신속하게 조사 및 조치를 완료하고, 완료한 날부터 30일 이내에 그 결과를 신고센터에 통보해야 한다.

④ 국토교통부장관은 신고센터의 업무를 「한국부동산원법」에 따른 한국부동산원에 위탁한다.

⑤ 신고센터의 업무를 위탁받은 한국부동산원은 신고센터의 업무 처리 방법, 절차 등에 관한 운영규정을 정하여 국토교통부장관의 승인을 받아야 한다. 이를 변경하려는 경우에도 또한 같다.

테마 26. 행정형벌(1문제)

1. 3년 이하의 징역 또는 3,000만원 이하의 벌금

(1) 중개사무소의 개설등록을 하지 아니하고 중개업을 한 자

(2) 거짓 그 밖의 부정한 방법으로 중개사무소의 개설등록을 한 자

(3) 개업공인중개사 등의 금지행위(**증서, 직접, 투기, 시세, 단체**)

(4) 개업공인중개사 등의 업무방해 금지행위 – 5가지

2. 1년 이하의 징역 또는 1,000만원 이하의 벌금

암기	사 유
이	이중으로 중개사무소의 개설등록을 하거나 2 이상의 중개사무소에 소속된 자
양	다른 사람에게 자기의 성명 또는 상호를 사용하여 중개업무를 하게 하거나 중개사무소등록증을 다른 사람에게 양도·대여한 자 또는 다른 사람의 성명·상호를 사용하여 중개업무를 하거나 중개사무소등록증을 양수·대여받은 자 및 알선한 자
이	2 이상의 중개사무소를 둔 자
양	다른 사람에게 자기의 성명을 사용하여 중개업무를 하게 하거나 공인중개사자격증을 양도·대여한 자 또는 다른 사람의 공인중개사자격증을 양수·대여받은 자 및 알선한 자
정	거래정보사업자가 공개의무에 위반
비	업무상 비밀을 누설한 자
사	공인중개사가 아닌 자로서 공인중개사 또는 이와 유사한 명칭을 사용한 자
4급	금지행위를 한 경우(매매, 협조, 보수, 중요사항)
보	중개보조원 수를 초과하여 고용한 경우
임	임시 중개시설물을 설치한 자
명	개업공인중개사가 아닌 자로서 "공인중개사사무소", "부동산중개" 또는 이와 유사한 명칭을 사용한 자
광	개업공인중개사가 아닌 자로서 중개업을 하기 위하여 중개대상물에 대한 표시·광고를 한 자

3. 양벌규정

개업공인중개사인 법인의 임원·종업원이나 개업공인중개사가 고용한 공인중개사 및 중개보조원이 중개업무에 관하여 법 제38조의 규정에 해당하는 위반행위(**행정형벌**)를 한 때에는 그 행위자를 벌하는 외에 그 개업공인중개사에 대하여도 **동조에 규정된 벌금형(법정형 동일)을 과한다.**

다만, 그 개업공인중개사가 그 위반행위을 방지하기 위하여 해당 업무에 관하여 상당한 주의와 감독을 게을리하지 아니한 경우에는 그러하지 아니하다.

① 행정형벌에서만 적용(행정질서벌 ×)

② 벌금형에 대한 법정형 동일

③ 개업공인중개사가 양벌규정으로 300만원 이상의 벌금형을 선고받으면 ⇨ 결격사유 ×

④ 다만, 그 개업공인중개사가 그 위반행위를 방지하기 위하여 해당 업무에 관하여 상당한 주의와 감독을 게을리하지 아니한 경우에는 그러하지 아니하다.

문제

기출1. 공인중개사법령상 3년 이하의 징역 또는 3천만원 이하의 벌금에 처해지는 개업공인중개사 등의 행위가 아닌 것은?

① 관계 법령에서 양도가 금지된 부동산의 분양과 관련 있는 증서의 매매를 중개하는 행위
② 법정 중개보수를 초과하여 수수하는 행위
③ 중개의뢰인과 직접 거래를 하는 행위
④ 거래당사자가 쌍방을 대리하는 행위
⑤ 단체를 구성하여 특정 중개대상물에 대하여 중개를 제한하는 행위

01 공인중개사법령상 3년 이하의 징역 또는 3천만원 이하의 벌금에 처해지는 것으로 옳게 짝지어진 것은?

> ㉠ 다른 사람에게 자기의 성명을 사용하여 중개업무를 하게 한 자
> ㉡ 이중으로 중개사무소의 개설등록을 하거나 2 이상의 중개사무소에 소속된 자
> ㉢ 탈세 등 관계법령을 위반할 목적으로 이전등기를 하지 아니한 부동산의 매매를 중개하는 등 부동산투기를 조장하는 행위를 한 자
> ㉣ 중개사무소의 개설등록을 하지 아니하고 중개업을 한 자
> ㉤ 중개사무소등록증을 다른 사람에게 양도·대여한 자

① ㉠, ㉡   ② ㉠, ㉤   ③ ㉡, ㉣
④ ㉢, ㉣   ⑤ ㉢, ㉤

02 공인중개사법령상 벌금부과기준에 해당하는 자를 모두 고른 것은?

> ㉠ 중개사무소 개설등록을 하지 아니하고 중개업을 한 공인중개사
> ㉡ 개업공인중개사가 중개보조원 수를 초과하여 고용한 경우
> ㉢ 등록관청의 관할 구역 안에 두 개의 중개사무소를 개설등록한 개업공인중개사
> ㉣ 임시 중개시설물을 설치한 개업공인중개사
> ㉤ 중개대상물이 존재하지 않아서 거래할 수 없는 중개대상물을 광고한 개업공인중개사

① ㉠   ② ㉠, ㉡   ③ ㉡, ㉢, ㉤
④ ㉠, ㉡, ㉢, ㉣   ⑤ ㉠, ㉡, ㉢, ㉣, ㉤

03 다음 중 1년 이하의 징역이나 1천만원 이하의 벌금에 처해지는 사유는 모두 몇 개인가?

> ㉠ 개업공인중개사가 아닌 자로서 중개업을 영위하기 위하여 중개대상물에 대한 표시·광고를 한 자
> ㉡ 정당한 사유 없이 개업공인중개사 등의 중개대상물에 대한 정당한 표시·광고 행위를 방해하는 행위
> ㉢ 거짓 그 밖의 부정한 방법으로 중개사무소의 개설등록을 한 자
> ㉣ 이중으로 중개사무소의 개설등록을 하거나 2 이상의 중개사무소에 소속된 자
> ㉤ 부당한 이익을 얻거나 제3자에게 부당한 이익을 얻게 할 목적으로 거짓으로 거래가 완료된 것처럼 꾸미는 등 중개대상물의 시세에 부당한 영향을 주거나 줄 우려가 있는 행위
> ㉥ 개업공인중개사가 아닌 자로서 "공인중개사사무소", "부동산중개" 또는 이와 유사한 명칭을 사용한 자
> ㉦ 개업공인중개사가 중개보조원 수를 초과하여 고용한 경우
> ㉧ 안내문, 온라인 커뮤니티 등을 이용하여 특정 가격 이하로 중개를 의뢰하지 아니하도록 유도하는 행위

① 1개   ② 2개   ③ 3개
④ 4개   ⑤ 5개

테마 27. 행정질서벌(1문제)

1. 과태료

(1) 맞 짱

1) 국토교통부장관 - 공인중개사협회, 거래정보사업자, 정보통신서비스 제공자

2) 시 · 도지사 - 공인중개사이었던 자, 연수교육

3) 등록관청 - 개업공인중개사이었던 자, 중개보조원

(2) 재 단

1) 공인중개사협회, 거래정보사업자, 정보통신서비스 제공자 - 500만원 이하의 과태료

2) 공인중개사이었던 자, 개업공인중개사와 이었던 자 - 100만원 이하의 과태료

3) 연수교육, 확인 · 설명의무 위반, 중개대상물에 대한 부당한 표시 · 광고 - 500만원 이하의 과태료

(3) 사 유

처분권자	대상자	사 유
국토교통부 장관	정보통신서비스 제공자 (500만원 이하의 과태료)	① 국토교통부장관의 중개대상물에 대한 표시 · 광고가 규정을 준수했는지의 여부를 모니터링 하기 위한 관련 자료 제출 요구를 정당한 사유 없이 따르지 아니한 자
		② 국토교통부장관의 모니터링 결과에 따라 정보통신서비스 제공자에게 공인중개사법 위반이 의심되는 표시 · 광고에 대한 확인 또는 추가정보의 게재 등 필요한 조치를 요구받고 정당한 사유 없이 따르지 아니한 자
	거래정보사업자 (500만원 이하의 과태료)	① 운영규정의 승인 또는 변경승인을 얻지 아니하거나 운영규정의 내용에 위반하여 부동산거래정보망을 운영한 자
		② 보고, 자료의 제출, 조사 또는 검사를 거부 · 방해 또는 기피하거나 그 밖의 명령을 이행하지 아니하거나 거짓으로 보고 또는 자료제출을 한 거래정보사업자
	공인중개사협회 (500만원 이하의 과태료)	① 공제사업 운용실적을 공시하지 아니한 자
		② 공제업무의 개선명령을 이행하지 아니한 자
		③ 임원에 대한 징계 · 해임의 요구를 이행하지 아니하거나 시정명령을 이행하지 아니한 자
		④ 보고, 자료의 제출, 조사 또는 검사를 거부 · 방해 또는 기피하거나 그 밖의 명령을 이행하지 아니하거나 거짓으로 보고 또는 자료제출을 한 자

시 · 도지사	공인중개사 이었던 자 (100만원 이하의 과태료)	공인중개사자격증을 반납하지 아니하거나 공인중개사 자격증을 반납할 수 없는 사유서를 제출하지 아니한 자 또는 거짓으로 공인중개사자격증을 반납할 수 없는 사유서를 제출한 자
	개업공인중개사 및 소속공인중개사 (500만원 이하의 과태료)	연수교육을 정당한 사유 없이 받지 아니한 자
등록관청	개업공인중개사 (500만원 이하의 과태료)	① 성실 · 정확하게 중개대상물의 확인 · 설명을 하지 아니하거나 설명의 근거자료를 제시하지 아니한 자
		② 중개대상물에 대하여 부당한 표시 · 광고를 한 자
		③ 중개보조원이 현장안내시 중개보조원임을 명시하지 않은 경우 중개보조원과 개업공인중개사, 단--
	개업공인중개사 (100만원 이하의 과태료)	① 중개사무소등록증을 반납하지 아니한 자
		② 중개인이 그 사무소의 명칭에 '공인중개사'라는 문자를 사용한 자
		③ 사무소의 명칭에 '공인중개사사무소', '부동산중개'라는 문자를 사용하지 아니한 개업공인중개사 또는 옥외 광고물에 성명을 표기하지 아니하거나 허위로 표기한 자
		④ 중개대상물의 중개에 관한 표시 · 광고를 위반한 자
		⑤ 중개사무소등록증 등을 게시하지 아니한 자
		⑥ 중개사무소의 이전신고를 하지 아니한 자
		⑦ 손해배상책임에 관한 사항을 설명하지 아니하거나 관계증서의 사본 또는 관계 증서에 관한 전자문서를 교부하지 아니한 자
		⑧ 휴업, 폐업, 휴업한 중개업의 재개 또는 휴업기간의 변경신고를 하지 아니한 자

■ 문제

기출1. 공인중개사법령상 개업공인중개사의 행위 중 과태료부과대상이 아닌 것은?

① 중개대상물의 거래상의 중요사항에 관해 거짓된 언행으로 중개의뢰인의 판단을 그르치게 한 경우

② 휴업신고에 따라 휴업한 중개업을 재개하면서 등록관청에 그 사실을 신고하지 않은 경우

③ 중개대상물에 관한 권리를 취득하려는 중개의뢰인에게 해당 중개대상물의 권리관계를 성실·정확하게 확인·설명하지 않은 경우

④ 인터넷을 이용하여 중개대상물에 대한 표시·광고를 하면서 중개대상물의 종류별로 가격 및 거래형태를 명시하지 않은 경우

⑤ 연수교육을 정당한 사유 없이 받지 않은 경우

01 다음 중 과태료처분권자가 다른 경우는?

① 휴업, 폐업, 휴업한 중개업의 재개 또는 휴업기간의 변경신고를 하지 아니한 개업공인중개사

② 게시의무에 위반한 개업공인중개사

③ 등록취소처분을 받고 중개사무소등록증을 반납하지 아니한 자

④ 중개사무소를 이전하고 중개사무소의 이전신고를 하지 아니한 자

⑤ 정당한 사유없이 연수교육을 받지 아니한 공인중개사인 개업공인중개사

02 다음 중 공인중개사법령상 과태료를 부과할 경우 과태료의 부과기준에서 정하는 과태료 금액이 가장 큰 경우는?

① 중개대상물이 존재하지만 실제로 중개할 의사가 없는 중개대상물에 대한 표시·광고를 한 경우

② 휴업한 중개업의 재개신고를 하지 않은 경우

③ 중개사무소의 이전신고를 하지 않은 경우

④ 중개사무소등록증을 게시하지 않은 경우

⑤ 개업공인중개사가 인터넷을 이용하여 중개대상물의 표시·광고를 하면서 중개대상물의 가격을 명시하지 않은 경우

03 공인중개사법상 위반행위와 벌칙이 옳게 연결된 것은?

① 중개의뢰인과 직접 거래한 소속 공인중개사 - 1년 이하의 징역 또는 1천만 원 이하의 벌금

② 개업공인중개사 아닌 자가 사무소 명칭에 부동산중개라는 명칭을 사용한 자 - 100만원 이하의 과태료

③ 개업공인중개사가 아닌 자로서 중개업을 영위하기 위하여 중개대상물의 표시 · 광고를 한 자 - 3년 이하의 징역 또는 2천만원 이하의 벌금

④ 중개대상물이 존재하지 않아서 실제로 거래를 할 수 없는 중개대상물에 대한 표시 · 광고 - 1년 이하의 징역 또는 1천만원 이하의 벌금

⑤ 중개대상물의 가격 등 내용을 사실과 다르게 거짓으로 표시 · 광고하거나 사실을 과장되게 하는 표시 · 광고를 한 개업공인중개사 - 500만원 이하의 과태료

04 공인중개사법령에서 규정한 과태료 부과처분 대상자, 부과금액 기준, 부과권자가 바르게 연결된 것은?

① 중개보조원이 현장안내시 중개의뢰인에게 중개보조원임을 명시하지 않은 경우 - 500만원 이하 - 등록관청

② 국토교통부장관의 임원에 대한 징계 · 해임의 요구를 이행하지 아니한 공인 중개사 협회 - 500만원 이하 - 등록관청

③ 연수교육을 정당한 사유없이 받지 아니한 개업공인중개사 - 500만원 이하 - 등록 관청

④ 부동산거래정보망 운영규정을 승인받지 않고 부동산거래정보망을 운영한 거래정보사업자 - 100만원 이하 - 국토교통부장관

⑤ 중개대상물의 확인 · 설명의무를 성실하게 이행하지 아니하거나 설명의 근거 자료를 제시하지 아니한 자 - 100만원 이하 - 등록관청

테마 28. 부동산거래신고제(2-3문제)

1. 의 의

① 거래당사자는 부동산 거래계약을 체결한 경우 그 실제 거래가격 등 대통령령으로 정하는 사항을 거래계약의 체결일부터 30일 이내에 신고관청에게 공동으로 신고하여야 한다. **다만, 거래당사자 중 일방이 국가, 지방자치단체, 대통령령으로 정하는 자의 경우에는 국가 등이 신고를 하여야 한다.**

② 「공인중개사법」에 따른 개업공인중개사가 거래계약서를 작성·교부한 경우에는 거래당사자는 부동산 거래신고 의무가 없고, 해당 **개업공인중개사가** 부동산 거래신고를 하여야 한다. 이 경우 공동으로 중개를 한 경우에는 해당 개업공인중개사가 공동으로 신고하여야 한다.

2. 다른 제도와의 관계

```
(1) (부)신고 ○   ----------------- (외)신고 ×, 검인 ×
(2) 허가 ○, 농지 ○ -------------- (부)신고 ○
```

3. 신고대상

```
① 부동산의 매매계약
② 부동산에 대한 공급계약
③ 부동산을 취득할 수 있는 지위(분양권, 입주권)의 매매계약
```

4. 신고내용

① 공통 신고사항

> ㉠ 거래당사자의 인적사항
> ㉡ 계약 체결일, 중도금 지급일 및 잔금 지급일
> ㉢ 거래대상 부동산 등(부동산을 취득할 수 있는 권리에 관한 계약의 경우에는 그 권리의 대상인 부동산을 말한다)의 소재지·지번·지목 및 면적
> ㉣ 거래대상 부동산 등의 종류(부동산을 취득할 수 있는 권리에 관한 계약의 경우에는 그 권리의 종류를 말한다)
> ㉤ 실제 거래가격
> ㉥ 계약의 조건이나 기한이 있는 경우에는 그 조건 또는 기한

ⓢ 매수인이 국내에 주소 또는 거소(잔금 지급일부터 60일을 초과하여 거주하는 장소를 말한다)를 두지 않을 경우(매수인이 외국인인 경우로서 「출입국관리법」 제31조에 따른 외국인등록을 하거나 「재외동포의 출입국과 법적 지위에 관한 법률」 제6조에 따른 국내거소신고를 한 경우에는 그 체류기간 만료일이 잔금 지급일부터 60일 이내인 경우를 포함한다)에는 위탁관리인의 인적사항

ⓞ 개업공인중개사가 거래계약서를 작성·교부한 경우에는 다음의 사항

ⓐ 개업공인중개사의 인적사항

ⓑ 개업공인중개사가 「공인중개사법」 제9조에 따라 개설등록한 중개사무소의 상호·전화번호 및 소재지

② 법인이 주택의 거래계약을 체결하는 경우

㉠ 법인의 현황에 관한 다음의 사항(거래당사자 중 국가 등이 포함되어 있거나 거래계약이 분양권 또는 입주권에 해당하는 경우는 제외한다)

ⓐ 법인의 등기 현황

ⓑ 법인과 거래상대방 간의 관계가 다음의 어느 하나에 해당하는지 여부

가) **거래상대방이 개인인 경우**: 그 개인이 해당 법인의 임원이거나 법인의 임원과 친족관계가 있는 경우

나) **거래상대방이 법인인 경우**: 거래당사자인 매도법인과 매수법인의 임원 중 같은 사람이 있거나 거래당사자인 매도법인과 매수법인의 임원 간 친족관계가 있는 경우

㉡ 주택 취득 목적 및 취득 자금 등에 관한 다음의 사항(법인이 주택의 매수자인 경우만 해당한다)

ⓐ 거래대상인 주택의 취득목적

ⓑ 거래대상 주택의 취득에 필요한 자금의 조달계획 및 지급방식

이 경우 투기과열지구에 소재하는 주택의 거래계약을 체결한 경우에는 자금의 조달계획을 증명하는 서류로서 국토교통부령으로 정하는 서류를 첨부해야 한다.

ⓒ 임대 등 거래대상 주택의 이용계획

③ **법인 외의 자가 실제 거래가격이 6억원 이상인 주택을 매수하거나 투기과열지구 또는 조정대상지역에 소재하는 주택을 매수하는 경우**(거래당사자 중 국가 등이 포함되어 있는 경우는 제외한다)

㉠ 거래대상 주택의 취득에 필요한 자금의 조달계획 및 지급방식

이 경우 투기과열지구에 소재하는 주택의 거래계약을 체결한 경우 매수자는 자금의 조달계획을 증명하는 서류로서 국토교통부령으로 정하는 서류를 첨부해야 한다.

ⓛ 거래대상 주택에 매수자 본인이 입주할지 여부, 입주 예정 시기 등 거래대상 주택의 이용계획

5. 부동산 거래계약 신고방법 및 절차

① 당사자가 직접 거래계약을 체결하는 경우

㉠ 신고방법

ⓐ 거래당사자는 부동산거래계약신고서에 **공동**으로 서명 또는 날인하여 신고관청에 제출하여야 한다. 다만, 거래당사자 중 일방이 신고를 거부하여 단독으로 부동산 거래계약을 신고를 하여야 한다.

ⓑ **부동산거래계약시스템**을 통하여 부동산 거래계약을 체결한 경우에는 부동산거래계약이 체결된 때에 부동산거래계약신고서를 제출한 것으로 본다.

㉡ 대리인에 의한 신고(**방문신고만 가능**)

② 거래당사자 중 일방이 국가 등인 경우

국가 등이 부동산거래계약신고서에 단독으로 서명 또는 날인하여 신고관청에 제출하여야 한다.

③ 개업공인중개사가 거래계약체결을 중개한 경우

㉠ 신고방법

ⓐ 부동산 거래계약을 신고하려는 개업공인중개사는 부동산거래계약신고서에 **서명 또는 날인**하여 신고관청에 제출하여야 한다. 이 경우 개업공인중개사가 **공동으로 중개하여 공동으로** 부동산 거래신고하는 경우에는 해당 개업공인중개사가 공동으로 서명 또는 날인하여야 한다.

ⓑ **부동산거래계약시스템**을 통하여 부동산 거래계약을 체결한 경우에는 부동산 거래계약이 체결된 때에 부동산거래계약신고서를 제출한 것으로 본다.

㉡ 대리인에 의한 신고(**방문신고만 가능**)

개업공인중개사의 위임을 받은 **소속공인중개사**는 부동산거래계약신고서의 제출을 대행할 수 있다. 중개보조원은 개업공인중개사의 부동산 거래신고를 대리할 수 없다.

④ 신고필증교부

부동산 거래신고를 받은 신고관청은 그 신고내용을 확인한 후 신고인에게 신고필증을 **지체 없이** 발급하여야 한다(동법 제3조 제4항).

6. 부동산거래계약 해제 등의 신고

① 해제 등 신고

거래당사자는 부동산 거래신고를 한 후 해당 거래계약이 해제, 무효 또는 취소된 경우 해제 등이 확정된 날부터 30일 **이내에** 해당 신고관청에 **공동으로 신고하여야 한다.** 다만, 거래당사자 중 일방이 신고를 거부하는 경우에는 국토교통부령으로 정하는 바에 따라 단독으로 신고할 수 있다(법 제3조의2 제1항). **개업공인중개사**가 부동산 거래신고를 한 경우에는 개업공인중개사가 해제 등의 신고(공동으로 중개를 한 경우에는 해당 개업공인중개사가 공동으로 신고하는 것을 말한다)를 **할 수 있다.** 다만, 개업공인중개사 중 일방이 신고를 거부하는 경우에는 국토교통부령으로 정하는 바에 따라 단독으로 신고할 수 있다(법 제3조의2 제2항).

② 해제 등 확인서 발급 : 신고를 받은 신고관청은 그 내용을 확인한 후 부동산거래계약 해제 등 확인서를 신고인에게 지체 없이 발급하여야 한다(규칙 제4조 제3항).

③ 해제 등 신고의제 : 부동산거래계약시스템을 통하여 부동산 거래계약 해제 등을 한 경우에는 부동산 거래계약 해제 등이 이루어진 때에 부동산거래계약 해제 등 신고서를 제출한 것으로 본다(규칙 제4조 제4항).

7. 부동산 거래계약 신고내용의 정정 및 변경

① 정정신청 – 잘못 기재된 경우
② 변경신고 – **변경된 경우**

8. 신고 내용의 검증

(1) **검증체계를 구축 · 운영** – 국토교통부장관

(2) **적적성 검증** – 신고관청

(3) **검증내용의 통보** – 신고관청은 검증 결과를 **해당 부동산의 소재지를 관할하는 세무관서의 장**에게 통보하여야 하며, 통보받은 세무관서의 장은 해당 신고 내용을 국세 또는 지방세 부과를 위한 과세자료로 활용할 수 있다.

9. 주택 임대차 계약의 신고 등

(1) 주택 임대차 계약의 신고

① 임대차계약 당사자는 주택(「주택임대차보호법」 제2조에 따른 주택을 말하며, 주택을 취득할 수 있는 권리를 포함한다. 이하 같다)에 대하여 대통령령으로 정하는 금액을 초과하는 임대차 계약(**보증금이 6천만원 초과, 월세 30만원 초과**)을 체결한 경우 그 보증금 또는 차임 등 국토교통부령으로 정하는 사항을 임대차 계약의 체결일부터 30일 이내에 주택 소재지를 관할하는 신고관청에 공동으로 신고하여야 한다. 다만, 임대차계약당사자 중 일방이 국가등인 경우에는 국가 등이 신고하여야 한다. 신고해야 하는 사항은 다음과 같다.

> ㉠ 임대차 계약당사자의 인적사항
> ㉡ 임대차 목적물의 소재지, 종류, 임대 면적 등 임대차 목적물 현황
> ㉢ 보증금 또는 월 차임
> ㉣ 계약 체결일 및 계약 기간
> ㉤ 계약갱신요구권의 행사 여부(계약을 갱신한 경우만 해당한다)

② 주택 임대차 계약의 신고는 임차가구 현황 등을 고려하여 대통령령으로 정하는 지역[**특별자치시 · 도 · 시 · 군(광역시 및 경기도의 군) · 구(자치구)**]에 적용한다.

③ 임대차계약당사자 중 일방이 신고를 거부하는 경우에는 국토교통부령으로 정하는 바에 따라 단독으로 신고할 수 있다.

④ 신고를 받은 신고관청은 그 신고 내용을 확인한 후 신고인에게 신고필증을 지체 없이 발급하여야 한다.

⑤ 신고관청은 주택 임대차 계약의 신고에 따른 사무에 대한 해당 권한의 일부를 그 지방자치단체의 조례로 정하는 바에 따라 읍 · 면 · 동장 또는 출장소장에게 위임할 수 있다.

⑥ 주택 임대차 계약의 신고 및 신고필증 발급의 절차와 그 밖에 필요한 사항은 국토교통부령으로 정한다.

(2) 주택 임대차 계약의 변경 및 해제 신고

① 임대차계약당사자는 주택 임대차 계약의 신고한 후 해당 주택 임대차 계약의 보증금, 차임 등 임대차 가격이 변경되거나 임대차 계약이 해제된 때에는 변경 또는 해제가 확정된 날부터 30일 이내에 해당 신고관청에 공동으로 신고하여야 한다. 다만, 임대차계약당사자 중 일방이 국가 등인 경우에는 국가 등이 신고하여야 한다.

② 임대차계약당사자 중 일방이 신고를 거부하는 경우에는 국토교통부령으로 정하는 바에 따라 단독으로 신고할 수 있다.

③ 신고를 받은 신고관청은 그 신고 내용을 확인한 후 신고인에게 신고필증을 지체 없이 발급하여야 한다.

④ 신고관청은 주택 임대차 계약의 변경 및 해제 신고 사무에 대한 해당 권한의 일부를 그 지방자치단체의 조례로 정하는 바에 따라 읍·면·동장 또는 출장소장에게 위임할 수 있다.

⑤ 신고 및 신고필증 발급의 절차와 그 밖에 필요한 사항은 국토교통부령으로 정한다.

(3) **주택 임대차 계약 신고에 대한 준용규정**

① 주택 임대차 계약 신고의 금지행위에 관하여는 부동산거래신고제에 대한 금지행위 규정을 준용한다.

② 주택 임대차 계약 신고 내용의 검증에 관하여는 부동산거래신고제에 대한 금지행위 규정을 준용한다.

③ 주택 임대차 계약 신고 내용의 조사 등에 관하여는 부동산거래신고제에 대한 금지행위 규정을 준용한다.

(4) **다른 법률에 따른 신고 등의 의제**

① 임차인이 「주민등록법」에 따라 전입신고를 하는 경우 이 법에 따른 주택 임대차 계약의 신고를 한 것으로 본다.

② 공공주택사업자 및 임대사업자는 관련 법령에 따른 주택 임대차 계약의 신고 또는 변경신고를 하는 경우 이 법에 따른 주택 임대차 계약의 신고 또는 변경신고를 한 것으로 본다.

③ 주택 임대차 계약 신고의 접수를 완료한 때에는 「주택임대차보호법」에 따른 확정일자를 부여한 것으로 본다(임대차계약서가 제출된 경우로 한정한다). 이 경우 신고관청은 「주택임대차보호법」에 따라 확정일자부를 작성하거나 「주택임대차보호법」 확정일자부여기관에 신고 사실을 통보하여야 한다.

10. 위반에 대한 제재

(1) 벌칙 - 3년 이하의 징역이나 3천만원 이하의 벌금

부당하게 재물이나 재산상 이득을 취득하거나 제3자로 하여금 이를 취득하게 할 목적으로 거짓으로 부동산 거래신고를 하거나 해제 등의 신고를 한 자

(2) 과태료처분

① 3,000만원 이하의 과태료(동법 제28조 제1항)

　㉠ 부동산거래를 하지 않았음에도 불구하고 거짓으로 부동산 거래신고를 하는 행위(단, 벌칙을 부과받은 경우는 제외한다)

　㉡ 부동산 거래신고를 한 계약이 해제 등이 되지 아니하였음에도 불구하고 거짓으로 해제 등 신고를 하는 행위(단, 벌칙을 부과받은 경우는 제외한다)

　㉢ 부동산 거래신고에 위반하여 거래대금 지급을 증명할 수 있는 자료를 제출하지 아니하거나 거짓으로 제출한 자 또는 그 밖의 필요한 조치를 이행하지 아니한 자

② 500만원 이하의 과태료(동법 제28조 제2항)

　㉠ 부동산 거래신고를 하지 아니한 자(공동신고를 거부한 자를 포함한다)

　㉡ 부동산거래계약 해제 등의 신고를 하지 아니한 자(공동신고를 거부한 자를 포함한다)

　㉢ 개업공인중개사에게 부동산 거래신고를 하지 아니하게 하거나 거짓으로 신고하도록 요구한 자

　㉣ 거짓으로 부동산 거래신고를 하는 행위를 조장하거나 방조한 자

　㉤ 거래대금 지급을 증명할 수 있는 자료 외의 자료를 제출하지 아니하거나 거짓으로 제출한 자

③ 부동산 등의 취득가액의 100분의 10 이하에 상당하는 금액의 과태료 : 부동산 거래신고를 거짓으로 한 자와 부동산거래신고대상에 해당되는 계약을 체결한 후 신고 의무자가 아닌 자가 거짓으로 부동산 거래신고를 하는 행위를 한 자는 해당 부동산 등의 취득가액의 100분의 10 이하에 상당하는 금액의 과태료를 부과한다.

④ 100만원 이하의 과태료 - 전 · 월세 신고 위반

(2) 부과 · 징수 및 통보

부동산 거래신고에 위반한 자에 대한 과태료는 신고관청이 부과 · 징수한다. 이 경우 개업공인중개사에게 과태료를 부과한 신고관청은 부과일부터 10일 이내에 해당 개업공인중개사의 중개사무소(법인의 경우에는 주된 중개사무소를 말한다)를 관할하는 시장 · 군수 또는 구청장에 과태료 부과 사실을 통보하여야 한다.

■ 부동산 거래신고 등에 관한 법률 시행규칙 [별지 제1호 서식]

부동산거래계약 신고서

※ 뒤쪽의 유의사항 · 작성방법을 읽고 작성하시기 바라며, [　]에는 해당하는 곳에 　(앞쪽)
　√표를 합니다.

접수번호		접수일시		처리기간	지체없이
① 매도인	성명(법인명)		주민등록번호		**국적**
② 매수인	성명(법인명)		주민등록번호		**국적**
	③ 자금조달 및 입주 계획	[　]제출　　　[　]매수인 별도제출　　　[　]해당 없음			
	외국인의 부동산등 매수용도	[　]주거용(아파트)　[　]주거용(단독주택)　[　]주거용(그 밖의 주택) [　]레저용　　[　]상업용　　[　]공업용　　[　]그 밖의 용도			
개업 공인중개사					
거래대상	종 류	⑤ [　]공급계약　　[　]분양권　　[　]준공 전 [　]준공 후 　[　]전매　　　　[　]입주권　　[　]임대주택 분양전환			
	⑧ 물건별 거래 가격				
⑨ 총 실제 거래가격 (전체)	합 계 　　　원	계약금	원	계약 체결일	
		중도금	원	중도금 지급일	
		잔 금	원	잔금 지급일	
⑩ 종전 부동산					
⑪ 계약의 조건 및 참고사항					

「부동산 거래신고 등에 관한 법률」 제3조 제1항부터 제4항까지 및 같은 법 시행규칙 제2조 제1항부터 제4항까지의 규정에 따라 위와 같이 부동산거래계약 내용을 신고합니다.

　　　　　　　　　　　　　　　　　　　　　　　　　　　　　　　년　　　월　　　일

　　　　　　　　　　　　　　　　　　　　매도인 :　　　　　　(서명 또는 인)
　　　　　　　　신고인　　　　　　　　매수인 :　　　　　　(서명 또는 인)
　　　　　　　　　　　　　　　개업공인중개사 :　　　　　(서명 또는 인)
　　　　　　　　　　　　　　　　(개업공인중개사 중개 시)

시장 · 군수 · 구청장 귀하

210mm×297mm[백상지(80g/㎡) 또는 중질지(80g/㎡)]

(뒤쪽)

첨부서류 1. 2. 생략

유의사항

1. 2. 3. 4. 생략
5. 거래대상의 종류가 공급계약(분양) 또는 전매계약(분양권, 입주권)인 경우 ⑧ 물건별 거래가격 및 ⑨ 총 실제거래가격에 **부가가치세를 포함한 금액**을 적고, 그 외의 거래대상의 경우 **부가가치세를 제외한 금액**을 적습니다.

작성방법

①·② 거래당사자가 다수인 경우 매도인 또는 매수인의 주소란에 ⑥의 거래대상별 거래지분을 기준으로 각자의 거래 지분 비율(매도인과 매수인의 거래지분 비율은 일치해야 합니다)을 표시하고, 거래당사자가 외국인인 경우 거래당사자의 국적을 반드시 적어야 하며, 외국인이 부동산등을 매수하는 경우 매수용도란의 주거용(아파트), 주거용(단독주택), 주거용(그 밖의 주택), 레저용, 상업용, 공장용, 그 밖의 용도 중 하나에 √표시를 합니다.

③ **자금조달 및 입주 계획란**은 법인이 주택을 매수하는 경우, 법인 외의 외의 자가 6억원 이상의 주택, 투기과열지구와 조정대상지역의 주택을 매수하는 경우에는 별지 제1호의2 서식의 계획서를 이 신고서와 함께 제출하는지 또는 매수인이 별도 제출하는지를 √표시하고, 그 밖의 경우에는 해당 없음에 √표시를 합니다.

④ 부동산 매매의 경우 "종류"에는 토지, 건축물 또는 토지 및 건축물(복합부동산의 경우)에 √표시를 하고, 해당 부동산이 "건축물" 또는 "토지 및 건축물"인 경우에는 ( )에 건축물의 종류를 "아파트, 연립, 다세대, 단독, 다가구, 오피스텔, 근린생활시설, 사무소, 공장 등"「건축법 시행령」별표 1에 따른 용도별 건축물의 종류를 적습니다.

⑤ 공급계약은 시행사 또는 건축주등이 최초로 부동산을 공급(분양)하는 계약을 말하며, 준공 전과 준공 후 계약 여부에 따라 √표시하고, "임대주택 분양전환"은 임대주택사업자 (법인으로 한정)가 임대기한이 완료되어 분양전환하는 주택인 경우에 √표시합니다. 전매는 부동산을 취득할 수 있는 권리의 매매로서, "분양권" 또는 "입주권"에 √표시를 합니다.

⑥ 소재지는 지번(아파트 등 집합건축물의 경우에는 동·호수)까지, 지목/면적은 토지대장상의 지목·면적, 건축물대장상의 건축물 면적(집합건축물의 경우 호수별 전용면적, 그 밖의 건축물의 경우 연면적), **등기사항증명서상의 대지권 비율, 각 거래대상의 토지와 건축물에 대한 거래 지분을 정확하게 적습니다.**

⑦ 계약대상 면적에는 실제 거래면적을 계산하여 적되, 건축물 면적은 집합건축물의 경우 전용면적을 적고, 그 밖의 건축물의 경우 연면적을 적습니다.

⑧ **물건별 거래가격란에는 각각의 부동산별 거래가격**을 적습니다. 최초 공급계약(분양) 또는 전매계약(분양권, 입주권)의 경우 분양가격, 발코니 확장 등 선택비용 및 추가 지불액 등(프리미엄 등 분양가격을 초과 또는 미달하는 금액)을 각각 적습니다. 이 경우 각각의 비용에 부가가치세가 있는 경우 **부가가치세를 포함한 금액**으로 적습니다.

⑨ 총 실제 거래가격란에는 전체 거래가격(둘 이상의 부동산을 함께 거래하는 경우 각각의 부동산별 거래가격의 합계 금액)을 적고, 계약금/중도금/잔금 및 그 지급일을 적습니다.

⑩ **종전 부동산란은 입주권 매매의 경우에만 작성하고**, 거래금액란에는 추가 지불액 등(프리미엄 등 분양가격을 초과 또는 미달하는 금액) 및 권리가격, 합계 금액, 계약금, 중도금, 잔금을 적습니다.

⑪ 계약의 조건 및 참고사항란은 부동산 거래계약 내용에 계약조건이나 기한을 붙인 경우, 거래와 관련한 참고내용이 있을 경우에 적습니다.

※ 다수의 부동산, 관련 필지, 매도·매수인, 개업공인중개사 등 기재사항이 복잡한 경우에는 다른 용지에 작성하여 간인 처리한 후 첨부합니다.

※ 소유권이전등기 신청은 「부동산등기 특별조치법」 제2조 제1항 각 호의 구분에 따른 날부터 60일 이내에 신청해야 하며, 이를 해태한 때에는 같은 법 제11조에 따라 과태료가 부과될 수 있사오니 유의하시기 바랍니다.

처리절차

신고인   처리기관 : 시·군·구(담당부서)

문제

기출1. 부동산 거래신고 등에 관한 법령상 부동산 매매계약의 거래신고에 관한 설명으로 틀린 것은? (단, 거래당사자는 모두 자연인이고, 공동중개는 고려하지 않음)

① 신고할 때는 실제 거래가격을 신고해야 한다.

② 거래당사자 간 직접거래의 경우 매도인이 거래신고를 거부하면 매수인이 단독으로 신고할 수 있다.

③ 거래신고 후에 매도인이 매매계약을 취소하면 매도인이 단독으로 취소를 신고해야 한다.

④ 개업공인중개사가 매매계약의 거래계약서를 작성·교부한 경우에는 그 개업공인중개사가 신고를 해야 한다.

⑤ 개업공인중개사가 매매계약을 신고한 경우에 그 매매계약이 해제되면 그 개업공인중개사가 해제를 신고할 수 있다.

기출2. 甲이 서울특별시에 있는 자기 소유의 주택에 대해 임차인 乙과 보증금 3억원의 임대차계약을 체결하는 경우, 「부동산 거래신고 등에 관한 법률」에 따른 신고에 관한 설명으로 옳은 것을 모두 고른 것은? (단, 甲과 乙은 자연인임)

> ㉠ 보증금이 증액되면 乙이 단독으로 신고해야 한다.
> ㉡ 乙이 「주민등록법」에 따라 전입신고를 하는 경우 주택 임대차 계약의 신고를 한 것으로 본다.
> ㉢ 임대차계약서를 제출하면서 신고를 하고 접수가 완료되면 「주택임대차보호법」에 따른 확정일자가 부여된 것으로 본다.

① ㉠   ② ㉡   ③ ㉠, ㉡

④ ㉡, ㉢   ⑤ ㉠, ㉡, ㉢

기출3. 부동산 거래신고 등에 관한 법령상 부동산거래계약신고서의 작성방법으로 틀린 것은?

① 관련 필지 등 기재사항이 복잡한 경우에는 다른 용지에 작성하여 간인 처리한 후 첨부한다.
② '거래대상'의 '종류' 중 '공급계약'은 시행사 또는 건축주 등이 최초로 부동산을 공급(분양)하는 계약을 말한다.
③ '계약대상 면적'란에는 실제 거래면적을 계산하여 적되, 집합건축물이 아닌 건축물의 경우 건축물 면적은 연면적을 적는다.
④ '거래대상'의 '종류' 중 '임대주택 분양전환'은 법인이 아닌 임대주택사업자가 임대기한이 완료되어 분양전환하는 주택인 경우에 √표시를 한다.
⑤ 전매계약(분양권, 입주권)의 경우 '물건별 거래가격'란에는 분양가격, 발코니 확장 등 선택비용 및 추가 지급액 등을 각각 적되, 각각의 비용에 대한 부가가치세가 있는 경우 이를 포함한 금액으로 적는다.

01 「부동산 거래신고 등에 관한 법령」상 부동산 거래신고에 관한 설명으로 옳은 것은?

① 외국인이 대한민국 안의 토지를 취득하는 계약을 체결하였을 때, 부동산 거래신고를 한 경우에도 「외국인 등의 부동산 취득 등에 관한 특례」에 따른 토지취득신고를 해야 한다.
② 「부동산 거래신고 등에 관한 법률」에 의한 토지거래허가를 받은 경우에는 부동산 거래신고를 하지 않아도 된다.
③ 농지의 매매계약을 체결한 경우 「농지법」상의 농지취득자격증명을 받으면 부동산 거래신고를 한 것으로 본다.
④ 부동산거래계약 신고필증을 교부받은 때에는 매수인은 「부동산등기 특별조치법」에 따른 검인을 받은 것으로 본다.
⑤ 「도시 및 주거환경정비법」에 따른 관리처분계획의 인가로 취득한 입주자로 선정된 지위에 관한 매매계약을 체결한 경우 거래신고 하지 않아도 된다.

02 「부동산 거래신고 등에 관한 법령」상 부동산 거래신고에 관한 설명으로 틀린 것은?

① 「입목에 관한 법률」에 의한 입목의 매매계약을 체결한 경우에도 부동산 거래신고를 하지 않아도 된다.

② 주택법 등에 따른 부동산의 공급계약을 통하여 부동산을 공급받는 자로 선정된 지위의 매매계약을 체결한 경우에도 부동산 거래신고를 하여야 한다.

③ 공인중개사법령상 중개대상물에 해당한다고 하여 모두 부동산 거래신고의 대상이 되는 것은 아니다.

④ 「주택법」 등에 따른 부동산의 공급계약을 체결한 경우에도 부동산 거래신고를 하여야 한다.

⑤ 부동산의 교환계약을 체결한 경우에도 부동산 거래신고를 하여야 한다.

03 「부동산 거래신고 등에 관한 법령」상 부동산 거래신고에 관한 설명으로 틀린 것은?

① 부동산 거래신고는 부동산의 증여계약을 체결한 경우에는 신고대상에 해당되지 않는다.

② 경매나 공매에 의하여 부동산을 취득한 경우에는 부동산 거래신고를 하지 않아도 된다.

③ 「택지개발촉진법」에 따라 공급된 토지의 임대차계약을 체결한 경우에도 부동산 거래신고를 하여야 한다.

④ 신고내용에는 거래대상 부동산 등의 소재지·지번·지목 및 면적이 포함된다.

⑤ 신고내용에는 계약 체결일, 중도금 지급일 및 잔금 지급일이 포함된다.

04 「부동산 거래신고 등에 관한 법령」상 부동산 거래신고에 관한 설명으로 틀린 것은?

① 법인이 주택의 매수자인 경우에는 거래대상인 주택의 취득목적, 거래대상 주택의 취득에 필요한 자금의 조달계획 및 지급방식, 임대 등 거래대상 주택의 이용계획을 신고해야 한다.

② 법인 아닌 자가 비규제지역에서 실제거래가격이 6억원 이상인 주택, 투기과열지구와 조정대상지역에서는 금액에 관계없이 매매계약을 체결한 경우(거래당사자 중 매수인이 국가 등인 경우는 제외한다)에는 거래대상 주택의 취득에 필요한 자금의 조달계획 및 지급방식과 거래대상 주택에 매수자 본인이 입주할지 여부와 입주 예정 시기를 신고해야 한다.

③ 투기과열지구에 소재하는 주택의 거래계약(거래당사자 중 매수인이 국가 등인 경우는 제외한다)을 체결한 경우에는 자금의 조달계획을 증명하는 구체적인 서류를 첨부해야 한다.

④ 개업공인중개사가 아파트 매매를 중개한 경우에 물건의 인도일시와 권리이전의 내용도 신고사항에 해당된다.

⑤ 개업공인중개사의 인적사항 및 중개사무소 개설등록에 관한 사항이 있는 경우에는 신고해야 한다.

05 「부동산 거래신고 등에 관한 법령」상 부동산 거래신고에 관한 설명으로 옳은 것은?

① 개업공인중개사가 매매계약체결을 중개한 경우에는 거래당사자와 개업공인중개사가 공동으로 부동산 거래신고를 하여야 한다.

② 거래당사자가 직접 부동산 또는 부동산을 취득할 수 있는 권리에 관한 매매계약을 체결한 경우에는 거래당사자가 공동으로 부동산 거래신고를 하여야 한다.

③ 부동산거래의 신고는 거래계약의 체결일부터 60일 이내에 매매대상 부동산 소재지의 관할 시장·군수 또는 구청장에게 하여야 한다.

④ 거래당자자 중 일방이 국가 등인 경우에는 부동산 거래신고를 하지 않아도 된다.

⑤ 「지방공기업법」에 따른 지방공사와 개인이 매매계약을 체결한 경우 양 당사자는 공동으로 신고하여야 한다.

06 「부동산 거래신고 등에 관한 법령」상 부동산 거래신고에 관한 설명으로 옳은 것은?

① 거래의 신고를 하려는 개업공인중개사는 부동산거래계약신고서에 서명 또는 날인하여 중개사무소 소재지 등록관청에 제출해야 한다.

② 개업공인중개사가 부동산 거래신고를 하는 경우에 부동산거래계약신고서에 는 거래당사자도 서명 또는 날인을 하여야 한다.

③ 거래의 신고를 해야 하는 개업공인중개사의 위임을 받은 중개보조원은 부동 산거래계약 신고서의 제출을 대행할 수 있다.

④ 부동산거래계약시스템을 통하여 부동산 거래계약을 체결한 경우에는 부동산 거래계약이 체결된 때에 부동산거래계약신고서를 제출한 것으로 본다.

⑤ 거래당사자의 위임을 받은 사람이 부동산 거래신고를 대행하는 경우에는 전 자문서에 의한 신고를 할 수 있다.

07 「부동산 거래신고 등에 관한 법령」상 부동산 거래신고에 관한 설명으로 옳은 것은?

① 공법상 이용제한에 관한 사항도 신고사항에 포함된다.

② 법인 외의 자가 비규제지역에서 실제 거래가격이 3억원 이상인 경우에는 거 래대상 주택에 매수자 본인이 입주할지 여부, 입주 예정 시기 등 거래대상 주택의 이용계획을 신고해야 한다.

③ 부동산 거래신고를 받은 신고관청은 그 신고내용을 확인한 후 신고인에게 신고필증을 7일 이내에 발급하여야 한다.

④ 거래당사자는 부동산 거래신고한 후 해당 거래계약이 해제, 무효 또는 취소된 경우 해제 등이 확정된 날부터 30일 이내에 해당 신고관청에 공동으로 신고 (전자문서에 의한 신고가능)하여야 한다.

⑤ 개업공인중개사가 부동산 거래신고를 한 경우에는 개업공인중개사가 해제 등 의 신고(전자문서에 의한 신고가능)를 하여야 하며, 거래당사자는 신고의무 가 없다.

08 「부동산 거래신고 등에 관한 법령」상 부동산 거래신고에 관한 설명으로 틀린 것은?

① 거래당사자 중 일방이 국가 등인 경우 국가 등이 단독으로 부동산거래계약 해제 등의 신고서에 서명 또는 날인하여 신고관청에 제출할 수 있다.

② 부동산거래계약시스템을 통하여 부동산거래계약 해제 등을 한 경우에는 부동산거래계약 해제 등이 이루어진 때에 부동산거래계약 해제 등의 신고서를 제출한 것으로 본다.

③ 국토교통부장관은 부동산거래가격 검증체계를 구축 · 운영하여야 한다.

④ 신고관청은 부동산 거래신고를 받은 경우 부동산거래가격 검증체계를 활용하여 그 적정성을 검증하여야 한다.

⑤ 신고관청은 부동산거래가격의 검증결과를 해당 부동산 소재지를 관할하는 등기소의 장에게 통보하여야 한다.

09 「부동산 거래신고 등에 관한 법령」상 부동산 거래신고에 관한 설명으로 틀린 것은?

① 시장 · 군수 또는 구청장으로부터 부동산거래가격의 검증결과를 통보받은 세무관서의 장은 해당 신고내용을 국세 또는 지방세 부과를 위한 과세자료로 활용할 수 있다.

② 부동산거래 신고내용을 조사한 경우 신고관청은 조사 결과를 특 · 광 · 도지사에게 매월 1회 보고하여야 한다.

③ 중도금 및 지급일 변경을 이유로 한 부동산거래계약 변경신고는 전자문서로 할 수 있다.

④ 거래대상 부동산 등의 종류가 잘못 기재된 경우에는 정정신청을 할 수 있다.

⑤ 상가건물거래의 잔금 지급일이 변경된 경우된 경우는 변경신고사항이다.

10 「부동산 거래신고 등에 관한 법령」상 주택임대차계약의 신고에 관한 설명으로 틀린 것은?

① 주택 임대차 계약의 신고는 임차가구 현황 등을 고려하여 대통령령이 정하는 지역에 적용한다.

② 주택 임대차 계약의 당사자는 대통령령이 정하는 금액을 초과하는 임대차 계약을 체결한 경우에는 임대차 계약의 체결일부터 30일 이내에 주택 소재지를 관할하는 신고관청에 신고하여야 한다.

③ 임차인이 「주민등록법」에 따라 전입신고를 하는 경우 이 법에 따른 주택 임대차 계약의 신고를 한 것으로 본다.

④ 개업공인중개사가 신고대상 주택의 임대차 계약체결을 중개한 경우에는 개업공인중개사가 계약의 체결일부터 30일 이내에 신고하여야 한다.

⑤ 주택 임대차계약서를 제출하면서 주택 임대차 계약 신고의 접수를 완료한 때에는 「주택임대차보호법」에 따른 확정일자를 부여한 것으로 본다.

11 「부동산 거래신고 등에 관한 법령」상 주택임대차계약의 신고에 관한 설명으로 틀린 것은?

① 계약이 갱신된 경우에는 계약갱신요구권 행사여부도 신고해야 한다.

② 신고대상 임대차 계약은 보증금이 6천만원 초과이거나 월세 30만원 초과인 경우에 신고해야 한다.

③ 신고관청은 주택 임대차 계약의 신고에 따른 사무에 대한 해당 권한의 일부를 그 지방자치단체 조례로 정하는 바에 따라 읍 · 면 · 동장 또는 출장소장에게 위임할 수 있다.

④ 일정 보증금을 초과하거나 일정 월세를 초과하는 전국 모든 시 · 군 · 구 지역의 주택 임대차 계약은 신고대상에 포함된다.

⑤ 「민간임대주택에 관한 특별법」에 따른 임대사업자는 관련 법령에 따른 주택 임대차 계약의 신고를 하는 경우 이 법에 따른 주택 임대차 계약의 신고를 한 것으로 본다.

12 「부동산 거래신고 등에 관한 법령」상 부동산 거래신고에 관한 설명으로 옳은 것은?

① 거래당사자나 개업공인중개사가 부동산 거래신고 대상인 거래를 하지 않았음에도 불구하고 거짓으로 부동산 거래신고를 한 경우에는 500만원 이하의 과태료처분사유에 해당된다.

② 시장·군수 또는 구청장의 거래대금지급증명자료 제출요구에 불응하거나 필요한 조치를 이행하지 않은 자는 3,000만원 이하의 과태료처분사유에 해당되며, 포상금 지급대상이 된다.

③ 부동산 거래신고를 한 후에 거래계약이 해제 등이 되었으나 해제 등이 확정된 날부터 30일 이내에 해제 등의 신고를 하지 아니한 거래당사자와 개업공인중개사는 500만원 이하의 과태료처분사유에 해당된다.

④ 부동산 거래 신고대상에 해당되는 계약을 체결하고 신고의무자가 아닌 자가 거짓된 내용으로 부동산 거래신고를 한 경우에는 취득가액의 10/100 이하의 과태료처분사유에 해당된다.

⑤ 신고관청은 부동산 거래신고를 한 계약이 해제 등이 되지 않았으나 해제 등의 신고를 한 사실을 자진 신고한 자에 대하여 과태료를 감경 또는 면제할 수 있다.

13 「부동산 거래신고 등에 관한 법령」상 부동산거래계약신고서 작성에 관한 설명으로 틀린 것은?

① 신고관청에서 부동산 거래신고제에 위반한 개업공인중개사에게 과태료처분을 한 경우에는 10일 이내에 중개사무소 소재지 등록관청에 통보해야 한다.

② 거래당사자가 외국인인 경우 거래당사자의 국적을 반드시 기재하여야 하며, 외국인의 부동산 등을 매수하는 경우에는 부동산 매수용도를 기재해야 한다.

③ 거래당사자가 다수인 경우 매도인 또는 매수인의 주소란에 거래대상별 거래지분을 기준으로 각자의 거래 지분 비율(매도인과 매수인의 거래 지분 비율은 일치해야 합니다)을 표시한다.

④ 계약대상 면적에는 실제 거래면적을 계산하여 적는다.

⑤ 종전 부동산란은 분양권 매매의 경우에만 작성한다.

14 「부동산 거래신고 등에 관한 법령」상 부동산거래계약신고서 작성에 관한 설명으로 틀린 것은?

① 물건별 거래가격란에는 각각의 부동산별 거래가격을 적는다.

② 총 실제 거래가격란에는 전체 거래가격을 적고, 계약금, 중도금, 잔금 및 그 지급일을 적습니다.

③ 거래대상 부동산의 종류가 건축물 또는 토지 및 건축물인 경우에는 건축물의 종류를 「건축법 시행령」에 따른 용도별 건축물의 종류를 적는다.

④ 거래대상 면적에는 실제 거래면적을 계산하여 적되, 집합건축물이 아닌 경우에는 연면적을 기재한다.

⑤ 거래대상의 종류가 공급계약(분양)인 경우 물건별 거래가격 및 총 실제거래가격에 부가가치세를 제외한 금액을 적는다.

15 서울특별시 종로구에서 중개사무소 개설등록을 한 공인중개사인 개업공인중개사가 강남구에 있는 아파트에 대한 매매계약체결을 중개하였다. 다음 중 타당하지 않은 것은?

① 강남구청장에게 부동산 거래신고를 하여야 한다.

② 계약체결일부터 30일 이내에 부동산 거래신고를 하지 않은 경우에는 강남구청장이 500만원 이하의 과태료에 처한다.

③ 부동산 거래신고에 위반하여 강남구청장이 과태료처분을 한 경우에는 10일 이내에 종로구청장에게 통보하여야 한다.

④ 부동산 거래신고를 한 후에 계약이 해제 등이 된 경우에는 거래당사자가 공동으로 해제 등이 확정된 날부터 30일 이내에 해제 등의 신고를 하여야 한다.

⑤ 부동산 거래신고를 한 후에 거래계약이 해제 등이 되지 않았음에도 거짓으로 해제 등의 신고를 한 자는 벌칙을 부과받은 경우에도 3천만원 이하의 과태료처분사유에 해당된다.

테마 29. 외국인 등의 부동산 취득 등에 관한 특례(1문제)

1. 외국인 등의 정의

⑴ (국적)대한민국의 국적을 보유하고 있지 아니한 개인

⑵ 다음 각목의 1에 해당하는 법인 또는 단체

① (근거법)외국의 법령에 의하여 설립된 법인 또는 단체

② (사람)사원 또는 구성원의 1/2 이상이 외국인에 해당하는 자인 법인 또는 단체

③ (사람)업무를 집행하는 사원이나 이사 등 임원의 1/2 이상이 외국인에 해당하는 자인 법인 또는 단체

④ (돈)외국인에 해당하는 법인 또는 단체가 자본금의 1/2 이상이나 의결권의 1/2 이상을 가지고 있는 법인 또는 단체.

2. 외국인 등의 부동산 취득의 신고

구 분		신고기간	위반에 대한 제재
(사후) 신고제	계 약 (매매제외)	계약체결일부터 60일 이내	300만원 이하 과태료
	계약 외	토지를 취득한 날부터 6월 이내	100만원 이하 과태료
	계속보유	외국인으로 변경된 날부터 6월 이내	100만원 이하 과태료

* 부동산 거래신고를 한 경우에는 「외국인 등의 부동산 취득 등에 관한 특례」에 의한 취득신고는 별도로 하지 않아도 된다.

* 계약 외의 원인 - 상속, 경매, 판결, 환매, 합병, 건축물의 신축 · 증축 · 개축 · 재축

3. 외국인 등의 토지취득 허가

⑴ 허가구역

외국인 등이 취득하려는 토지가 다음 각 호의 어느 하나에 해당하는 구역 · 지역 등에 있으면 토지취득계약을 체결하기 전에 대통령령으로 정하는 바에 따라 신고관청으로부터 토지취득의 허가를 받아야 한다(동법 제9조 제1항).

다만, 제11조에 따라 허가구역 내 토지거래계약에 관한 허가를 받은 경우에는 그러하지 아니하다(동법 제9조 제1항).

1. 「군사기지 및 군사시설 보호법」 제2조 제6호에 따른 군사기지 및 군사시설 보호구역, 그 밖에 국방목적을 위하여 외국인등의 토지취득을 특별히 제한할 필요가 있는 국방목적상 필요한 섬 지역으로서 국토교통부장관이 국방부장관 등 관계 중앙행정기관의 장과 협의하여 고시하는 지역(영 제6조 제2항).
2. 「문화재보호법」 제2조 제2항에 따른 지정문화재와 이를 위한 보호물 또는 보호구역
3. 「자연유산의 보존 및 활용에 관한 법률」에 따라 지정된 천연기념물등과 이를 위한 보호물 또는 보호구역
4. 「자연환경보전법」 제2조 제12호에 따른 생태·경관보전지역
5. 「야생생물 보호 및 관리에 관한 법률」 제27조에 따른 야생생물 특별보호구역

⑵ 허가처분

① 신고관청은 관계 행정기관의 장과 협의를 거쳐 외국인 등이 토지취득허가 구역·지역 등의 토지를 취득하는 것이 해당 구역·지역 등의 지정목적 달성에 지장을 주지 아니한다고 인정하는 경우에는 허가를 하여야 한다(동법 제9조 제2항).

② 외국인 등이 토지취득 허가구역 내에서 허가를 받지 않고 체결한 토지취득계약은 그 효력이 발생하지 아니한다(동법 제9조 제3항).

③ 토지취득 허가신청서를 받은 신고관청은 신청서를 받은 날부터 다음 각 호의 구분에 따른 기간 안에 허가 또는 불허가 처분을 해야 한다. 다만, 부득이한 사유로 기간 안에 허가 또는 불허가 처분을 할 수 없는 경우에는 30일의 범위에서 그 기간을 연장할 수 있으며, 기간을 연장하는 경우에는 연장 사유와 처리예정일을 지체 없이 신청인에게 알려야 한다.

1. 「군사기지 및 군사시설 보호법」에 따른 군사기지 및 군사시설 보호구역, 그 밖에 국방목적을 위하여 외국인 등의 토지취득을 특별히 제한할 필요가 있는 지역으로서 대통령령으로 정하는 지역의 경우: 30일
2. 제1호 외의 구역·지역의 경우: 15일

▌문제

기출1. 부동산 거래신고 등에 관한 법령상 국내 토지를 외국인이 취득하는 것에 관한 설명이다. (　)에 들어갈 숫자로 옳은 것은? (단, 상호주의에 따른 제한은 고려하지 않음)

> • 외국인이 토지를 매수하는 계약을 체결하면 계약체결일부터 (　㉠　)일 이내에 신고해야 한다.
> • 외국인이 토지를 증여받는 계약을 체결하면 계약체결일부터 (　㉡　)일 이내에 신고해야 한다.
> • 외국인이 토지를 상속받으면 취득일부터 (　㉢　)개월 이내에 신고해야 한다.

① ㉠: 30, ㉡: 30, ㉢: 3
② ㉠: 30, ㉡: 30, ㉢: 6
③ ㉠: 30, ㉡: 60, ㉢: 6
④ ㉠: 60, ㉡: 30, ㉢: 3
⑤ ㉠: 60, ㉡: 60, ㉢: 6

---

01 부동산 거래신고 등에 관한 법령상 외국인등의 부동산 취득에 관한 설명으로 옳은 것을 모두 고른 것은? (단, 법 제7조에 따른 상호주의는 고려하지 않음)

> ㉠ 대한민국의 국적을 보유하고 있지 않은 개인이 이사 등 임원의 2분의 1 이상인 법인은 외국인 등에 해당한다.
> ㉡ 외국인 등이 건축물의 개축을 원인으로 대한민국 안의 부동산을 취득한 때에도 부동산 취득신고를 해야 한다.
> ㉢ 「군사기지 및 군사시설 보호법」에 따른 군사기지 및 군사시설 보호구역 안의 토지는 외국인 등이 취득할 수 없다.
> ㉣ 외국인 등이 허가 없이 「자연환경보전법」에 따른 생태·경관보전지역 안의 토지를 취득하는 계약을 체결한 경우 그 계약은 효력이 발생하지 않는다.

① ㉠, ㉢   ② ㉠, ㉣
③ ㉠, ㉡, ㉣   ④ ㉡, ㉢, ㉣
⑤ ㉠, ㉡, ㉢, ㉣

02 개업공인중개사가 외국인에게 부동산 거래신고 등에 관한 법령의 내용을 설명한 것으로 틀린 것은?

① 외국인이 계약(매매는 제외)에 의하여 부동산을 취득한 때에는 부동산 취득일부터 60일 이내에 이를 신고해야 한다.

② 외국인이 회사의 합병에 의하여 국내 토지를 취득하게 된 경우에는 6월 이내에 시·군·구청장에게 신고하여야 한다.

③ 외국인이 건축물의 신축·증축·개축·재축을 원인으로 부동산을 취득하는 경우에는 취득한 날부터 6월 이내에 신고관청에 신고하여야 한다.

④ 내국인이 외국인으로 변경된 경우에 외국인이 국내토지를 계속 보유하고자 하는 경우에는 외국인으로 변경된 날부터 6월 이내에 시장·군수 또는 구청장에게 신고하여야 한다.

⑤ 외국인이 「야생생물보호 및 관리에 관한 법률」에 의한 야생생물특별보호지역에서 토지를 취득하고자 하는 경우에는 사전 허가를 받아야 한다.

03 개업공인중개사가 외국인에게 부동산 거래신고 등에 관한 법령의 내용을 설명한 것으로 틀린 것은?

① 외국인이 건축물의 증축을 원인으로 부동산을 취득하는 경우에는 신고하지 않아도 된다.

② 「외국인 등의 부동산 취득 등에 관한 특례」에서 규정하고 있는 허가구역 안에서 허가를 받지 아니하고 토지취득계약을 체결하거나 부정한 방법으로 허가를 받아 토지취득계약을 체결한 외국인은 2년 이하의 징역 또는 2천만원 이하의 벌금에 처한다.

③ 시장·군수 또는 구청장은 관리대장의 내용을 매 분기 종료일부터 1개월 이내에 특·광·도지사에게 통보하여야 한다.

④ 특·광·도지사는 통보받은 날부터 1개월 이내에 그 내용을 국토교통부장관에게 통보하여야 한다.

⑤ 특별자치시장은 외국인 등이 신고한 부동산 등의 취득·계속보유 신고내용을 매 분기 종료일부터 1개월 이내에 직접 국토교통부장관에게 제출하여야 한다.

테마 30. **토지거래허가제(1-2문제)**

1. **토지거래허가구역의 지정**

⑴ **지정권자** - 국토교통부장관 또는 시·도지사

⑵ **지정대상지역** - 토지의 투기적인 거래가 성행하거나 지가(地價)가 급격히 상승하는 지역과 그러한 우려가 있는 지역에 대하여 지정한다. 단, 국토교통부장관 또는 시·도지사는 허가대상자(외국인 포함), 허가대상 용도, 지목 등을 특정하여 허가구역을 지정할 수 있다.

⑶ **지정절차**

① 심의(재지정은 의견청취)

② 공고 및 통지

　　㉠ 공고 - 다음의 사항을 공고하여야 한다.

> 1. 토지거래계약에 관한 허가구역(이하 "허가구역"이라 한다)의 **지정기간**
> 2. 허가대상자, 허가대상 용도와 지목
> 3. 허가구역 내 토지의 소재지·지번·지목·면적 및 용도지역
> 4. 허가구역에 대한 축척 5만분의 1 또는 2만 5천분의 1의 지형도
> 5. **토지거래허가 면제 대상 토지면적**

　　㉡ 통 지

③ 공고 및 열람

　　㉠ 시장·군수 또는 구청장은 지체 없이 그 공고 내용을 그 **허가구역을 관할하는 등기소의 장에게 통지**하여야 한다.

　　㉡ 시장·군수 또는 구청장은 지체 없이 그 사실을 **7일 이상 공고**하고, 그 공고 내용을 15일간 **일반이 열람**할 수 있도록 하여야 한다.

⑷ **지정의 해제·축소**

⑸ **효력발생시기** - 공고한 날부터 5일 후에 그 효력이 발생한다.

2. **허가구역 내 토지거래에 대한 허가**

⑴ **허가권자** - 토지 소재지를 관할하는 **시장·군수·구청장**이다.

⑵ **허가대상권리 및 면적**

① 허가대상권리

　　허가구역에 있는 토지에 관한 **소유권·지상권**(소유권·지상권의 취득을 목적으로 하는 권리를 포함한다)**을 이전하거나 설정**(대가를 받고 이전하거나 설정

하는 경우만 해당한다)**하는 계약**(예약을 포함한다. 이하 "토지거래계약"이라
한다)을 체결하려는 당사자는 공동으로 시장·군수 또는 구청장의 허가를 받
아야 한다.

② 허가대상 기준면적

경제 및 지가의 동향과 거래단위면적 등을 종합적으로 고려하여 대통령령으로
정하는 용도별 면적 이하의 토지에 대한 토지거래계약에 관하여는 허가가 필
요하지 아니하다. 용도별 면적은 다음 각 호의 구분에 따른 면적을 말한다.

▎허가의 기준면적

구 분	용도지역	기준면적
도시지역	주거지역	60제곱미터 이하
	상업지역	150제곱미터 이하
	공업지역	150제곱미터 이하
	녹지지역	200제곱미터 이하
	지역의 미지정	60제곱미터 이하
도시지역 외의 지역	임 야	1,000제곱미터 이하
	농 지	500제곱미터 이하
	기 타	250제곱미터 이하

⇨ 기준면적의 증감 - 국토교통부장관 또는 시·도지사가 허가구역을 지정할 당
시 해당 지역에서의 거래실태 등을 고려하여 기준면적으로 하는 것이 타당하지
아니하다고 인정하여 해당 기준면적의 **10퍼센트 이상 300퍼센트 이하의 범위**에
서 따로 정하여 공고한 경우에는 그에 따른다.

(3) **허가절차**

① 허가신청서 제출

토지거래계약의 허가를 받으려는 자는 공동으로 일정한 사항을 기재한 신청서
에 토지이용계획, 취득자금 조달계획 등에 포함된 국토교통부령으로 정하는
서류를 첨부하여 허가관청에 제출하여야 한다.

② 조 사

허가신청서를 제출받은 시장·군수 또는 구청장은 지체 없이 필요한 조사를
하여야 한다.

③ 허가관청의 처리

㉠ **허가 또는 불허가 처분**

신청서를 받은 허가관청은 지체 없이 필요한 조사를 하고 신청서를 받은

날부터 15일 **이내**에 허가 · 변경허가 또는 불허가 처분을 하여야 한다.

ⓒ **선매협의절차 고지**

선매협의(先買協議) 절차가 진행 중인 경우에는 위의 기간 내에 그 사실을 신청인에게 알려야 한다.

④ 허가처분의 의제

허가신청 처리기간에 허가증의 발급 또는 불허가처분 사유의 통지가 없거나 선매협의 사실의 통지가 없는 경우에는 **그 기간이 끝난 날의 다음날에 허가가 있는 것으로 본다.** 이 경우 시장 · 군수 또는 구청장은 지체 없이 신청인에게 허가증을 발급하여야 한다.

⑷ **무허가계약의 효력**

토지거래허가를 받지 아니하고 체결한 토지거래계약은 그 효력이 발생하지 아니 한다(동법 제11조 제6항).

> 토지거래허가구역 내에서 허가를 받아야 함에도 불구하고 허가를 받지 아니하고 체결한 토지거래계약은 처음부터 허가를 배제하거나 잠탈하는 내용의 계약일 경우에는 확정적 무효로서 유효화될 여지가 없으나, 이와 달리 허가받은 것을 전제로 한 거래 계약일 경우에는 허가를 받을 때까지는 유동적 무효의 상태에 있다(대판 1991.12.24, 90다12243 전원합의체).

⑸ **토지거래허가의 효력**

1) **토지의 이용의무 및 기간**

ⓐ 실수요성에 의해 허가를 받은 경우에는 **토지 취득일부터** 2년

ⓑ 사업의 시행을 위하여 허가를 받은 경우는 **토지 취득일부터** 4년.

ⓒ 관계 법령에 따라 개발 · 이용행위가 제한되거나 금지된 토지로서 국토교통부 령으로 정하는 토지에 대하여 현상보존의 목적으로 토지를 취득하기 위하여 허가를 받은 경우는 **토지 취득일부터** 5년

ⓓ 그 밖의 나머지 경우는 토지 취득일부터 5년

2) **이행강제금**

① 이행명령

ⓐ 이행명령은 문서로 하여야 하며, **이행기간은 3개월 이내**로 정하여야 한다.

ⓑ 농지법에 따라 이행강제금을 부과받은 경우에는 이용 의무의 이행을 명하 지 아니할 수 있다.

② 부과금액

ⓐ 시장 · 군수 또는 구청장은 이행명령이 정하여진 기간에 이행되지 아니한 경우에는 **토지 취득가액의 100분의 10의 범위**에서 다음의 금액의 이행강

제금을 부과한다.

> 1. 방치한 경우에는 토지 취득가액의 100분의 10에 상당하는 금액
> 2. 임대한 경우에는 토지 취득가액의 100분의 7에 상당하는 금액
> 3. 당초의 이용목적을 변경하여 이용하는 경우에는 토지 취득가액의 100분의 5에 상당하는 금액
> 4. 1. 내지 3. 외의 경우에는 토지 취득가액의 100분의 7에 상당하는 금액.

   ⓛ 이행강제금 부과시 토지 취득가액은 실제 거래가격으로 한다.

③ 부과횟수 : 시장·군수 또는 구청장은 최초의 **이행명령이 있었던 날을 기준으로 1년에 한 번씩** 그 이행명령이 이행될 때까지 반복하여 이행강제금을 부과·징수할 수 있다

④ 이행강제금의 부과 및 징수절차

   ㉠ 사전계고

   ⓛ 부과의 제외 : 시장·군수 또는 구청장은 이용 의무기간이 지난 후에는 이행강제금을 부과할 수 없다.

   ㉢ 부과의 중지 : 시장·군수 또는 구청장은 이행명령을 받은 자가 그 명령을 이행하는 경우에는 새로운 이행강제금의 부과를 즉시 중지하되, **명령을 이행하기 전에 이미 부과된 이행강제금은 징수**하여야 한다.

   ㉣ 이의신청 : 이행강제금 부과처분을 받은 자는 이의를 제기하려는 경우에는 부과처분을 고지받은 날부터 **30일** 이내에 하여야 한다.

   ㉤ 강제징수

3. 허가관청의 처분에 대한 불복제도

(1) **이의신청** – 그 처분을 받은 날부터 1개월 이내에 시장·군수 또는 구청장

(2) **불허가처분 토지에 관한 매수 청구**

① 매수청구대상 – 불허가처분을 받은 자는 **그 통지를 받은 날부터 1개월 이내에** 시장·군수 또는 구청장에게 해당 토지에 관한 권리의 매수를 청구할 수 있다.

② 매수자 및 매수가격 – 국가, 지방자치단체, 한국토지주택공사, 그 밖에 다음의 공공기관 또는 공공단체 중에서 매수할 자를 지정하여, 매수할 자로 하여금 예산의 범위에서 해당 토지를 **공시지가**를 기준으로 매수하게 하여야 한다.

4. 허가제도의 적용배제

다음 각 호의 경우에는 토지거래허가제를 적용하지 아니한다.

1. 토지의 수용
2. 「민사집행법」에 따른 **경매**
3. **토지를 협의취득·사용하거나 환매하는 경우**
4. 국유재산을 일반경쟁입찰로 처분하는 경우
5. 공유재산을 일반경쟁입찰로 처분하는 경우
6. 관리처분계획에 따라 분양하거나 보류지 등을 매각하는 경우
7. **국세 및 지방세의 체납처분 또는 강제집행을 하는 경우**
8. 법 제9조에 따라 외국인 등이 토지취득의 허가를 받은 경우
9. 한국자산관리공사가 토지를 취득하거나 경쟁입찰을 거쳐서 매각하는 경우 또는 한국자산관리공사에 매각이 의뢰되어 3회 이상 공매하였으나 유찰된 토지를 매각하는 경우

선매제도

1. 선매대상

1. 공익사업용 토지
2. 토지거래계약허가를 받아 취득한 토지를 그 이용목적대로 이용하고 있지 아니한 토지

2. 선매절차 및 선매가격

⑴ **선매절차**

① 선매자 지정: 그 신청이 있는 날부터 **1개월 이내**에 선매자를 지정하여 토지 소유자에게 알려야 하며, 선매자는 지정 통지를 받은 날부터 **1개월 이내**에 그 토지 소유자와 선매협의를 끝내야 한다.

② 선매협의기간: 선매자로 지정된 자는 그 **지정일부터 15일 이내**에 매수가격 등 선매조건을 기재한 서면을 토지소유자에게 통지하여 선매협의를 하여야 하며, **지정일부터 1월 이내**에 선매협의조서를 시장·군수 또는 구청장에게 제출하여야 한다.

⑵ **선매가격 - 감정가격**

⑶ **불협의시 조치 - 허가 또는 불허가**

▌문제

기출1. 부동산 거래신고 등에 관한 법령에 대한 설명이다. (   )에 들어갈 숫자는?
(단, 국토교통부장관 또는 시 · 도지사가 따로 정하여 공고한 경우와 종전 규정에 따라 공고된 면제대상 토지면적 기준은 고려하지 않음)

> 경제 및 지가의 동향과 거래단위면적 등을 종합적으로 고려하여 「국토의 계획 및 이용에 관한 법률」에 따른 도시지역 중 아래의 세부 용도지역별 면적 이하의 토지에 대한 토지거래계약허가는 필요하지 아니하다.
> • **주거지역** : (㉠)제곱미터
> • **상업지역** : (㉡)제곱미터
> • **공업지역** : (㉢)제곱미터
> • **녹지지역** : (㉣)제곱미터

① ㉠ : 60, ㉡ : 100, ㉢ : 100, ㉣ : 200
② ㉠ : 60, ㉡ : 150, ㉢ : 150, ㉣ : 200
③ ㉠ : 180, ㉡ : 180, ㉢ : 660, ㉣ : 500
④ ㉠ : 180, ㉡ : 200, ㉢ : 660, ㉣ : 200
⑤ ㉠ : 180, ㉡ : 250, ㉢ : 500, ㉣ : 1,000

기출2. 부동산 거래신고 등에 관한 법령상 토지거래허가구역 등에 관한 설명으로 틀린 것은? (단, 거래당사자는 모두 대한민국 국적의 자연인임)
① 허가구역의 지정은 그 지정을 공고한 날부터 7일 후에 그 효력이 발생한다.
② 허가구역에 있는 토지거래에 대한 처분에 이의가 있는 자는 그 처분을 받은 날부터 1개월 이내에 시장 · 군수 또는 구청장에게 이의를 신청할 수 있다.
③ 허가구역에 있는 토지에 관하여 사용대차계약을 체결하는 경우에는 토지거래허가를 받을 필요가 없다.
④ 허가관청은 허가신청서를 받은 날부터 15일 이내에 허가 또는 불허가 처분을 하여야 한다.
⑤ 허가신청에 대하여 불허가 처분을 받은 자는 그 통지를 받은 날부터 1개월 이내에 시장 · 군수 또는 구청장에게 해당 토지에 관한 권리의 매수를 청구할 수 있다.

기출3. 부동산 거래신고 등에 관한 법령상 토지거래허가구역 내의 토지매매에 관한 설명으로 옳은 것을 모두 고른 것은? (단, 법령상 특례는 고려하지 않으며, 다툼이 있으면 판례에 따름)

> ㉠ 허가를 받지 아니하고 체결한 매매계약은 그 효력이 발생하지 않는다.
> ㉡ 허가를 받기 전에 당사자는 매매계약상 채무불이행을 이유로 계약을 해제할 수 있다.
> ㉢ 매매계약의 확정적 무효에 일부 귀책사유가 있는 당사자도 그 계약의 무효를 주장할 수 있다.

① ㉠   ② ㉡   ③ ㉠, ㉢
④ ㉡, ㉢   ⑤ ㉠, ㉡, ㉢

01 부동산 거래신고 등에 관한 법령상 토지거래허가구역(이하 '허가구역'이라 함)에 관한 설명으로 틀린 것은?

① 국토교통부장관 또는 시·도지사는 토지의 투기적인 거래가 성행하거나 지가가 급격히 상승하는 지역과 그러한 우려가 있는 지역에 5년 이내의 기간을 정하여 토지거래허가구역으로 지정할 수 있다.

② 국토교통부장관 또는 시·도지사가 허가구역을 지정, 해제, 축소, 확대하려는 경우에 중앙 또는 지방도시계획위원회의 심의를 거쳐야 한다.

③ 국토교통부장관이 지정기간이 만료되는 허가구역을 계속하여 다시 허가구역으로 지정하려는 경우에는 중앙도시계획위원회의 심의 전에 미리 시·도지사의 의견을 들어야 한다.

④ 허가구역의 지정·해제·축소의 경우에 5일 이상 공고하고, 공고내용을 15일간 일반이 열람할 수 있도록 하여야 한다.

⑤ 국토교통부장관 또는 시·도지사가 허가구역의 지정을 공고한 날로부터 5일 후에 그 효력이 발생한다.

02 「부동산 거래신고 등에 관한 법률」상 국토교통부장관 또는 시·도지사가 토지거래 허가구역으로 지정한 때 지체없이 공고해야 하는 사항에 해당되는 것은 몇 개인가?

> ㉠ 토지거래계약에 관한 허가구역의 지정기간
>
> ㉡ 허가대상자, 허가대상 용도와 지목
>
> ㉢ 허가구역 내 토지의 소재지·지번·지목·면적 및 용도지역
>
> ㉣ 허가구역에 대한 축척 5만분의 1 또는 2만 5천분의 1의 지형도
>
> ㉤ 허가 면제 대상 토지면적

① 1개   ② 2개   ③ 3개
④ 4개   ⑤ 5개

03 부동산 거래신고 등에 관한 법령상 토지거래허가구역(이하 '허가구역'이라 함)에 관한 설명으로 틀린 것은?

① 일단의 토지이용을 위한 토지거래계약을 체결한 후 2년 내에 나머지의 전부 또는 일부의 계약체결을 하는 경우 일단의 토지 전체에 대한 거래로 간주한다.

② 허가를 받지 아니하고 토지거래계약을 체결한 자는 2년 이하의 징역 또는 해당 토지가격의 30/100에 해당하는 금액 이하의 벌금에 처한다.

③ 자기의 거주용 주택용지로 이용하고자 하는 것인 경우에 허가를 신청하면 허가할 수 있으며, 허가를 받은 자의 이용의무기간은 2년이다.

④ 허가구역에 거주하는 농업인 등이 농업을 영위하기 위하여 필요한 경우 허가를 신청하면 허가할 수 있으며, 허가를 받은 자의 이용의무기간은 2년이다.

⑤ 허가 받기 전의 거래계약이 처음부터 허가를 배제하거나 잠탈하는 내용의 계약일 경우에는 무효이다.

04 부동산 거래신고 등에 관한 법령상 토지거래허가구역(이하 '허가구역'이라 함)에 관한 설명으로 틀린 것은?

① 거래당사자 한쪽 또는 양쪽이 한국토지주택공사 등인 경우 토지거래계약은 사전협의하면 허가받은 것으로 본다.

② 국유재산관리계획에 따른 국유재산의 취득·처분은 사후통보하면 협의한 것으로 본다.

③ 허가신청서를 받은 날부터 15일 이내에 허가증의 발급하거나 불허가처분사유의 통지가 없거나 선매협의사실의 통지가 없는 때에는 해당 기간이 만료한 날에 허가가 있는 것으로 본다.

④ 토지거래계약에 관한 허가증을 발급 받은 경우 「부동산등기 특별조치법」에 따른 검인받은 것으로 본다.

⑤ 토지거래허가를 받은 경우 「농지법」에 따른 농지취득자격증명을 받은 것으로 본다.

05 부동산 거래신고 등에 관한 법령상 토지거래허가대상 기준면적을 설명한 내용 중 틀린 것은? (허가구역 지정권자는 허가를 요하지 아니하는 토지의 면적을 따로 정하지 않았음)

① 도시지역 외의 지역에서 지목이 대인 $300m^2$의 토지는 허가대상이다.

② 도시지역 내의 공업지역에서 $120m^2$의 토지는 허가대상이 아니다.

③ 도시지역 안에서 용도지역을 정하지 않은 지역의 $100m^2$의 토지는 허가대상이다.

④ 허가구역의 지정 당시 기준면적을 초과하는 토지를 허가구역 지정 후 해당 토지를 공공목적이 아닌 사유로 분할하여 기준면적 이하로 된 경우, 분할 후의 최초의 토지거래계약은 허가대상에 포함된다.

⑤ 도시지역 안에서 주거지역인 경우에 $70m^2$인 경우에는 허가대상이 아니다.

06 부동산 거래신고 등에 관한 법령상 토지거래허가구역(이하 '허가구역'이라 함)에 관한 설명으로 틀린 것은?

① 토지거래계약에 관한 허가신청에 대한 처분에 이의가 있는 자는 그 처분을 받은 날부터 1개월 이내에 이의를 신청할 수 있다.

② 불허가처분을 통지를 받은 날부터 1개월 이내에 시장 · 군수 · 구청장에게 해당 토지에 관한 권리의 매수를 청구할 수 있다.

③ 매수청구시 매수자로 지정된 국가 · 지방자치단체 등이 공시지가를 기준으로 매수한다.

④ 토지소유자가 선매협의에 응해야 할 법적의무가 있으므로 협의가 안되면 수용대상이 된다.

⑤ 선매협의대상이 되는 토지는 토지거래계약의 허가신청이 있는 공익사업용 토지, 토지거래계약허가를 받아 취득한 토지를 이용목적대로 이용하고 있지 아니한 토지이다.

07 부동산 거래신고 등에 관한 법령상 토지거래허가구역(이하 '허가구역'이라 함)에 관한 설명으로 틀린 것은?

① 선매요건에 해당하는 토지에 대하여 토지거래계약 허가신청이 있는 경우에는 그 신청이 있는 날부터 1개월 이내에 선매자를 지정하여 토지소유자에게 알려야 하며, 선매자는 지정 통지를 받은 날부터 1개월 이내에 그 토지소유자와 선매협의를 끝내야 한다.

② 선매자로 지정된 자는 지정일부터 15일 이내에 매수가격 등 선매조건을 기재한 서면을 토지소유자에게 통지하여 선매협의를 하여야 하며, 지정일부터 1개월 이내에 선매협의조서를 시장 · 군수 · 구청장에게 제출하여야 한다.

③ 선매가격은 공시지가를 기준으로 하되, 토지거래계약허가신청서에 기재된 가격이 공시지가보다 낮은 경우에는 허가신청서에 기재된 가격으로 할 수 있다.

④ 시장 · 군수 또는 구청장은 이행명령이 정하여진 기간(3개월) 내에 이행되지 아니한 경우에는 토지 취득가액의 100분의 10의 범위에서 대통령령이 정하는 금액의 이행강제금을 부과한다.

⑤ 시장 · 군수 또는 구청장은 최초의 이행명령이 있은 날을 기준으로 하여 1년에 1회씩 해당 이행명령이 이행될 때까지 반복하여 이행강제금을 부과 · 징수할 수 있다.

08 부동산 거래신고 등에 관한 법령상 토지거래계약허가를 받아 취득한 토지를 허가받은 목적대로 이용하고 있지 않은 경우 시장·군수·구청장이 취할 수 있는 조치가 아닌 것은?

① 과태료를 부과할 수 있다.

② 토지거래계약허가를 취소할 수 있다.

③ 3개월 이내의 기간을 정하여 토지의 이용 의무를 이행하도록 문서로 명할 수 있다.

④ 해당 토지에 관한 토지거래계약 허가신청이 있을 때 국가, 지방자치단체, 한국토지주택공사가 그 토지의 매수를 원하면 이들 중에서 매수할 자를 지정하여 협의 매수하게 할 수 있다.

⑤ 해당 토지를 직접 이용하지 않고 임대하고 있다는 이유로 이행명령을 했음에도 정해진 기간에 이행되지 않은 경우, 취득가액의 100분의 7에 상당하는 금액의 이행강제금을 부과한다.

09 부동산 거래신고 등에 관한 법령상 토지거래허가구역(이하 '허가구역'이라 함)에 관한 설명으로 옳은 것은?

① 시·도지사는 법령의 개정으로 인해 토지이용에 대한 행위제한이 강화되는 지역을 허가구역으로 지정할 수 있다.

② 토지의 투기적인 거래 성행으로 지가가 급격히 상승하는 등의 특별한 사유가 있으면 5년을 넘는 기간으로 허가구역을 지정할 수 있다.

③ 허가구역 지정의 공고에는 허가구역에 대한 축척 5만분의 1 또는 2만 5천분의 1의 지형도가 포함되어야 한다.

④ 허가구역을 지정한 시·도지사는 지체 없이 허가구역지정에 관한 공고내용을 관한 등기소의 장에게 통지해야 한다.

⑤ 허가구역 지정에 이의가 있는 자는 그 지정이 공고된 날부터 1개월 내에 시장·군수·구청장에게 이의를 신청할 수 있다.

테마 31. 부동산 거래신고 등에 관한 법률상 포상금(1문제)

(1) 포상금 지급기준 및 금액

① 포상금 지급금액

구 분	포상금 지급기준	포상금 금액
(1) 신고관청이 적발하기 전에	① 부동산 등의 실제 거래가격을 거짓으로 신고한 자	부과되는 과태료의 100분의 20에 해당하는 금액 ⇨ 이 경우 포상금의 지급한도액은 1천만원으로 한다.
	② 부동산 거래신고에 해당하는 계약을 체결하지 아니하였음에도 불구하고 거짓으로 부동산 거래신고를 하는 행위	부과되는 과태료의 100분의 20에 해당하는 금액
	③ 부동산 거래신고 후 해당 계약이 해제 등이 되지 아니하였음에도 불구하고 거짓으로 부동산거래해제 등의 신고를 하는 행위	부과되는 과태료의 100분의 20에 해당하는 금액
	④ 주택 임대차 계약의 신고를 하지 아니하거나 주택 임대차 계약의 변경 및 해제 신고에 위반하여 주택 임대차 계약의 보증금·차임 등 계약금액을 거짓으로 신고한 자	부과되는 과태료의 100분의 20에 해당하는 금액
(2) 허가관청 또는 수사기관이 적발하기 전에	토지거래허가 또는 변경허가를 받지 아니하고 토지거래계약을 체결한 자 또는 거짓이나 그 밖의 부정한 방법으로 토지거래계약허가를 받은 자를 신고하거나 고발한 경우로서 그 신고 또는 고발사건에 대한 공소제기 또는 기소유예 결정이 있는 경우	50만원 ⇨ 이 경우 같은 목적을 위하여 취득한 일단의 토지에 대한 신고 또는 고발은 1건으로 본다.
(3) 허가관청이 적발하기 전에	토지거래계약허가를 받아 취득한 토지에 대하여 허가받은 목적대로 이용하지 아니한 자를 신고한 경우로서 그 신고사건에 대한 허가관청의 이행명령이 있는 경우	

② 포상금을 지급하지 아니할 수 있는 경우

㉠ 공무원이 직무와 관련하여 발견한 사실을 신고하거나 고발한 경우

㉡ 해당 위반행위를 하거나 위반행위에 관여한 자가 신고하거나 고발한 경우

㉢ 익명이나 가명으로 신고 또는 고발하여 신고인 또는 고발인을 확인할 수 없는 경우

③ 비 용

포상금의 지급에 드는 비용은 시·군이나 구의 재원으로 충당한다.

▌ 포상금 제도의 비교

구 분	공인중개사법령상 포상금	부동산 거래신고 등에 관한 법률상 포상금
지급대상	(1) 중개사무소의 개설등록을 하지 아니하고 중개업을 한 자 (2) 거짓이나 그 밖의 부정한 방법으로 중개사무소의 개설등록을 한 자 (3) 중개사무소등록증 또는 공인중개사자격증을 다른 사람에게 양도·대여하거나 다른 사람으로부터 양수·대여받은 자 (4) 개업공인중개사가 아닌 자가 중개대상물에 대한 표시·광고를 한 자 (5) 금지행위 ⇨ 2가지(시세, 단체) (6) 개업공인중개사의 업무방해행위 ⇨ 5가지	(1) 부동산 거래신고제 위반 　① 부동산 등의 실제 거래가격을 거짓으로 신고한 자 　② 부동산 거래신고에 해당하는 계약을 체결하지 아니하였음에도 불구하고 거짓으로 부동산 거래신고를 한 자 　③ 부동산 거래신고 후 해당 계약이 해제 등이 되지 아니하였음에도 불구하고 거짓으로 부동산거래해제 등의 신고를 한 자 　④ 주택 임대차 계약의 신고를 하지 아니하거나 주택 임대차 계약의 변경 및 해제 신고에 위반하여 주택 임대차 계약의 보증금·차임 등 계약금액을 거짓으로 신고한 자 (2) 토지거래허가제 위반 　① 토지거래허가 또는 변경허가를 받지 아니하고 토지거래계약을 체결한 자 또는 거짓이나 그 밖의 부정한 방법으로 토지거래계약허가를 받은 자 　② 토지거래계약허가를 받아 취득한 토지에 대하여 허가받은 목적대로 이용하지 아니한 자
지급금액	건당 50만원	① 거래신고 위반 ⇨ 부과되는 과태료의 20%(단, ①의 한도액은 1천만원) ② 토지거래허가 위반 ⇨ 건당 50만원
재원조달	국고에서 50/100 이내에서 지원	시·군·구의 재원으로 충당
지급기관	등록관청	신고관청 또는 허가관청

지급조건	검사가 공소제기, 기소유예	신고서를 제출받거나 수사기관의 통보 후 결정
지급시기	결정일부터 1월 이내	신청서 접수일부터 2월 이내
2인 이상 공동	균등(단, 합의우선)	균등(단, 합의우선)
2인 이상 각각	최초 신고자	최초 신고자

▌문제

기출1. 부동산 거래신고 등에 관한 법령상 포상금의 지급에 관한 설명으로 틀린 것을 모두 고른 것은?

ㄱ 가명으로 신고하여 신고인을 확인할 수 없는 경우에는 포상금을 지급하지 아니할 수 있다.
ㄴ 신고관청에 포상금지급신청서가 접수된 날부터 1개월 이내에 포상금을 지급하여야 한다.
ㄷ 신고관청은 하나의 위반행위에 대하여 2명 이상이 각각 신고한 경우에는 포상금을 균등하게 배분하여 지급한다.

① ㄱ   ② ㄱ, ㄴ   ③ ㄱ, ㄷ
④ ㄴ, ㄷ   ⑤ ㄱ, ㄴ, ㄷ

01 부동산 거래신고 등에 관한 법령상 신고포상금 지급대상에 해당하는 위반행위를 모두 고른 것은?

> ㉠ 부동산 매매계약의 거래당사자가 부동산의 실제 거래가격을 거짓으로 신고하는 행위
> ㉡ 부동산 매매계약에 관하여 개업공인중개사에게 신고를 하지 않도록 요구하는 행위
> ㉢ 토지거래계약허가를 받아 취득한 토지를 허가받은 목적대로 이용하지 않는 행위
> ㉣ 부동산 매매계약에 관하여 부동산의 실제 거래가격을 거짓으로 신고하도록 조장하는 행위

① ㉠, ㉢
② ㉠, ㉣
③ ㉡, ㉣
④ ㉠, ㉡, ㉢
⑤ ㉡, ㉢, ㉣

02 다음 중 부동산 거래신고 등에 관한 법령상 포상금에 대한 기술 중 타당하지 않은 것은?

① 포상금의 지급에 드는 비용은 시·군이나 구의 재원으로 충당한다.
② 신고관청 또는 허가관청은 포상금 지급 신청서가 접수된 날부터 2개월 이내에 포상금을 지급하여야 한다.
③ 부동산 거래신고에 해당하는 계약을 체결하지 아니하였음에도 불구하고 거짓으로 부동산 거래신고를 한 자의 포상금은 부과되는 과태료의 100분의 20에 해당하는 금액이다.
④ 토지거래계약허가를 받아 취득한 토지에 대하여 허가받은 목적대로 이용하지 아니한 자를 신고한 자의 포상금은 50만원이다.
⑤ 신고관청 또는 허가관청은 하나의 위반행위에 대하여 2명 이상이 각각 신고 또는 고발한 경우에는 신고 또는 고발한 사람에게 각각 포상금을 지급한다.

테마 32. 분묘기지권과 장사 등에 관한 법률(1문제)

1. 분묘기지권

⑴ **분묘의 의의**

분묘란 그 내부에 사람의 유골, 유해, 유발 등 시신을 매장하여 사자를 안장한 장소를 말하고, 장래의 묘소로서 설치하는 등 그 내부에 시신이 안장되어 있지 않은 것은 분묘라고 할 수 없다. 그러므로 분묘기지권이 성립되지 않는다(대법원 1991.10.25. 선고 91다18040).

⑵ **분묘기지권의 성립요건**

① 분묘기지권의 개념

분묘의 기지인 토지가 분묘소유권자 아닌 다른 사람의 소유인 경우에 그 토지소유자가 분묘소유자에 대하여 분묘의 설치를 승낙한 때에는 그 분묘의 기지에 대하여 분묘소유자를 위한 지상권 유사의 물권(분묘기지권)을 설정한 것으로 보아야 하므로, 이러한 경우 그 토지소유자는 분묘의 수호·관리에 필요한, 상당한 범위 내에서는 분묘기지가 된 토지부분에 대한 소유권의 행사가 제한될 수 밖에 없다(대법원 2000.9.26. 선고 99다14006).

② 분묘기지권의 성립요건 – 판례에 의하면 분묘기지권이 성립하는 경우에는 세 가지가 있다.

㉠ 토지소유자의 승낙을 얻어 분묘를 설치한 때에 분묘기지권을 취득한다.

㉡ 자기소유의 토지에 분묘를 설치한 자가 후에 그 분묘기지에 대한 소유권을 보유하거나 또는 분묘도 함께 이전한다는 특약을 함이 없이 토지를 매매 등으로 처분한 때에는, 그 분묘를 소유하기 위하여 분묘기지권을 취득하게 된다(대판 1967.10.12. 67다1920).

㉢ 타인 소유의 토지에 소유자의 승낙 없이 분묘를 설치한 경우에는 20년간 평온, 공연하게 그 분묘의 기지를 점유함으로써 분묘기지권을 시효로 취득한다(대판 1995.2.28, 94다37912). 분묘기지권을 시효취득하는 경우에 분묘기지권자는 토지소유자가 분묘기지에 관한 지료를 청구하면 그 청구한 날부터의 지료를 지급할 의무가 있다고 보아야 한다(대판 2021.4.29. 2017다228007).

(3) 분묘기지권의 효력

분묘기지권에는 그 효력이 미치는 지역의 범위 내라고 할지라도 기존의 분묘 외에 새로운 분묘를 신설할 권능은 포함되지 아니하는 것이므로, 부부 중 일방이 먼저 사망하여 이미 그 분묘가 설치되고 그 분묘기지권이 미치는 범위 내에서 그 후에 사망한 다른 일방의 합장을 위하여 쌍분 형태의 분묘를 설치하는 것도 허용되지 않는다(대법원 1997.5.23. 선고 95다29086, 29093). 또한 단분 형태로 합장하여 분묘를 설치하는 것도 허용되지 않는다(대법원 2001.8.21. 선고 2001다28367). 분묘기지권에 그 효력이 미치는 범위 안에서 새로운 분묘를 설치하거나 원래의 분묘를 다른 곳으로 이장할 권능이 포함되는 것은 아니다(대법원 2007.6.28. 선고 2007다16885).

① 분묘기지권의 공시

분묘기지권이 성립하기 위하여는 봉분 등 외부에서 분묘의 존재를 인식할 수 있는 형태를 갖추고 있어야 하고, 평장되어 있거나 암장되어 있어 객관적으로 인식할 수 있는 외형을 갖추고 있지 아니한 경우에는 인정되지 않으므로, 이러한 특성상 분묘기지권은 등기 없이 취득한다(대법원 1996.6.14. 선고 96다14036).

② 분묘기지권의 귀속

선조의 분묘를 수호·관리하는 권리는 그 종손에게 전속된다고 봄이 상당하고 종손이 아닌 자가 제사주재자로서의 분묘에 대한 관리처분권을 가지고 있다고 하기 위해서는 우선 종손에게 제사주재자의 지위를 유지할 수 없는 특별한 사정이 있음이 인정되어야 한다(대법원 2000.9.26. 선고 99다14006). 그러므로 공동선조의 후손들로 구성된 종중이 선조 분묘를 수호 관리하여 왔다면 분묘의 수호 관리권 내지 분묘기지권은 종중에 귀속한다(대법원 2007.6.28. 선고 2005다44114).

(4) 분묘기지권의 범위

분묘수호자가 그 분묘에 대하여 가지는 관습에 의한 지상권 유사의 물권은 비단 그 분묘의 기지뿐만 아니라 그 분묘의 설치목적인 분묘의 수호 및 제사에 필요한 범위내에서 분묘기지 주위의 공지를 포함한 지역에 까지 미치는 것이다(대법원 1986.3.25. 선고 85다카2496). 그러므로 사성(사성, 무덤 뒤를 반달형으로 둘러쌓은 둔덕)이 조성되어 있다 하여 반드시 그 사성 부분을 포함한 지역에까지 분묘기지권이 미치는 것은 아니다(대법원 1997.5.23. 선고 95다29086, 29093).

동일 종손이 소유·관리하는 여러 기의 분묘가 집단설치된 경우 그 분묘기지권에 기하여 보전되어 오던 분묘들 가운데 일부가 그 분묘기지권이 미치는 범위 내에서 이장되었다면, 그 이장된 분묘를 위하여서도 그 분묘기지권의 효력이 그대로 유지된다고 보아야 할 것이고, 다만 그 이장으로 인하여 더이상 분묘수호와 봉제사에 필요 없게 된 부분이 생겨났다면 그 부분에 대한 만큼은 분묘기지권이 소멸한다고 할 것이다(대법원 1994.12.23. 선고 94다15530).

⑸ **분묘기지권의 소멸**

분묘기지권의 존속기간에 관하여는 약정이 없는 경우에는 권리자가 분묘의 수호와 봉사를 계속하는 한 그 분묘가 존속하고 있는 동안은 분묘기지권은 존속한다고 해석함이 상당하다(대법원 1982.1.26. 선고 81다1220). 또한 분묘가 멸실된 경우라고 하더라도 유골이 존재하여 분묘의 원상회복이 가능하여 일시적인 멸실에 불과하다면 분묘기지권은 소멸하지 않고 존속하고 있다고 해석함이 상당하다(대법원 2007.6.28. 선고 2005다44114).

2. 장사 등에 관한 법률

⑴ **묘지의 설치기준 등**

	개인묘지	가족묘지	종중·문중	법인묘지	비 고
매장신고	매장후 30일 이내 신고	좌동	좌동	좌동	
설치절차	30일 이내에 시·군·구청장에게 신고	사전허가	사전허가	사전허가	산림법에 의한 입목벌채 등의 허가가 있는 것으로 본다.
묘지1기의 점유면적	$30m^2$초과 금지	$10m^2$초과 금지 (합장은 $15m^2$ 초과 금지)	좌동	좌동	
설치면적	$30m^2$ 이하	$100m^2$ 이하	$1,000m^2$ 이하	10만m^2 이상	
분묘의 형태	봉분(1m 이내) 평분(50cm 이내)	좌동	좌동	좌동	
납골묘	$10m^2$ 초과 금지	$30m^2$ 초과 금지	$100m^2$ 초과 금지		종교단체 $500m^2$ 초과 금지

(2) 자연장지의 설치기준 등

	개인 자연장지	가족 자연장지	문중.종중 자연장지	종교단체 자연장지	공공.재단 자연장지	비 고
설치절차	30일 이내 신고	사전 신고	사전 신고	사전허가	사전허가	
설치면적	30m² 미만	100m² 이하	2천m² 이하	4만m² 이하	5만m² 이상	

(3) 분묘의 설치기간

공설묘지 및 사설묘지에 설치된 분묘의 설치기간은 **30년**으로 한다. 설치기간이 경과한 분묘의 연고자가 시·도지사, 시장·군수·구청장 또는 법인묘지의 설치·관리를 허가받은 자에게 당해 설치기간의 연장을 신청하는 경우에는 **1회에 한하여 30년을 연장하여야 한다**. 설치기간을 산정함에 있어서 합장분묘의 경우에는 합장된 날을 기준으로 산정한다. 설치기간이 종료된 분묘의 연고자는 설치기간이 종료된 날부터 **1년** 이내에 당해 분묘에 설치된 시설물을 철거하고 매장된 유골을 화장 또는 납골하여야 한다.

(4) 묘지 등의 설치제한

① 「국토의 계획 및 이용에 관한 법률」상 녹지지역 중 묘지 등의 설치가 제한되는 지역
② 주거지역·상업지역 및 공업지역
③ 수변구역, 수도법의 규정에 의한 상수원보호구역. 다만, 납골시설은 설치가능하다.
④ 보안림, 요존국유림, 채종림
⑤ 문화재보호구역, 접도구역, 하천구역, 농업진흥지역, 사방지, 군사보호구역

(5) 위반에 대한 제재

① 2년 이하의 징역이나 2천만원 이하의 벌금
　㉠ 허가 또는 변경허가를 받지 아니하고 가족묘지, 종중·문중묘지 또는 법인묘지를 설치한 자
　㉡ 금지구역 안에 묘지, 화장시설, 봉안시설 또는 자연장지를 설치·조성한 자
② 1년 이하의 징역이나 1천만원 이하의 벌금
　㉠ 허가 또는 변경허가를 받지 아니하고 법인 등 자연장지를 조성한 자
　㉡ 개인묘지의 면적기준 또는 시설물의 설치기준을 위반하여 분묘·묘지 또는 시설물을 설치한 자
　㉢ 설치기간이 끝난 분묘에 설치된 시설물을 철거하지 아니하거나 화장 또는 봉안하지 아니한 자

▌문제

기출1. 개업공인중개사가 중개의뢰인에게 분묘가 있는 토지에 관하여 설명한 내용으로 틀린 것을 모두 고른 것은? (다툼이 있으면 판례에 따름)

> ㉠ 토지소유자의 승낙에 의하여 성립하는 분묘기지권의 경우 성립 당시 토지 소유자와 분묘의 수호·관리자가 지료 지급의무의 존부에 관하여 약정을 하였다면 그 약정의 효력은 분묘 기지의 승계인에게 미치지 않는다.
> ㉡ 분묘기지권은 지상권 유사의 관습상 물권이다.
> ㉢ 「장사 등에 관한 법률」 시행일(2001.1.13.) 이후 토지소유자의 승낙 없이 설치한 분묘에 대해서 분묘기지권의 시효취득을 주장할 수 있다.

① ㉠   ② ㉢   ③ ㉠, ㉢
④ ㉡, ㉢   ⑤ ㉠, ㉡, ㉢

기출2. 개업공인중개사가 묘지를 설치하고자 토지를 매수하려는 중개의뢰인에게 장사 등에 관한 법령에 관하여 설명한 내용으로 틀린 것은?

① 가족묘지는 가족당 1개소로 제한하되, 그 면적은 100제곱미터 이하여야 한다.
② 개인묘지란 1기의 분묘 또는 해당 분묘에 매장된 자와 배우자 관계였던 자의 분묘를 같은 구역 안에 설치하는 묘지를 말한다.
③ 법인묘지에는 폭 4미터 이상의 도로와 그 도로로부터 각 분묘로 통하는 충분한 진출입로를 설치하여야 한다.
④ 화장한 유골을 매장하는 경우 매장 깊이는 지면으로부터 30센티미터 이상이어야 한다.
⑤ 「민법」에 따라 설립된 사단법인은 법인묘지의 설치 허가를 받을 수 없다.

01 개업공인중개사가 분묘가 있는 토지에 관하여 중개의뢰인에게 설명한 내용으로 틀린 것은? (다툼이 있으면 판례에 의함)

① 분묘기지권은 분묘의 사성(莎城−무덤 뒤를 반달형으로 둘러쌓은 둔덕)이 조성되어 있는 경우에는 당연히 그 부분까지 미치는 것은 아니다.

② 분묘가 평장되어 있거나 암장되어 있는 경우에는 분묘기지권이 인정되지 않는다.

③ 장래의 묘소로서 설치하는 등 그 내부에 시신이 안장되어 있지 않는 것은 분묘기지권이 성립될 여지가 없으며, 분묘기지권을 시효취득한 경우에 토지소유자의 요청이 있는 경우에는 지료를 지급해야 한다.

④ 분묘기지권은 그 효력이 미치는 지역의 범위 내에서는 또 다른 분묘를 설치할 수 있다고 하는 것이 판례이다.

⑤ 종손이 분묘를 관리하지 않고 공동선조의 후손들로 구성된 종중이 선조 분묘를 수호 관리하여 왔다면 분묘의 수호 관리권 내지 분묘기지권은 종중에 귀속한다.

02 개업공인중개사가 분묘가 있는 토지에 관하여 중개의뢰인에게 설명한 내용으로 틀린 것은? (다툼이 있으면 판례에 의함)

① 분묘가 멸실된 경우라고 하더라도 유골이 존재하여 분묘의 원상회복이 가능하여 일시적인 멸실에 불과하다면 분묘기지권은 소멸하지 않고 존속하고 있다.

② 개인묘지를 설치한 자는 묘지를 설치한 후 30일 이내에 해당 묘지를 관할하는 시장 등에게 신고하여야 한다.

③ 장래의 묘소로서 설치하는 등 그 내부에 시신이 안장되어 있지 않는 것은 분묘기지권이 성립될 여지가 없으며, 분묘기지권을 시효취득한 경우에 토지소유자의 요청이 있는 경우에는 지료를 지급해야 한다.

④ 묘지의 설치기간은 1회에 15년을 설치할 수 있다.

⑤ 설치기간이 끝난 분묘의 연고자는 설치기간이 끝난 날부터 1년 이내에 해당 분묘에 설치된 시설물을 철거하고 매장된 유골을 화장하거나 봉안하여야 한다.

03 **개업공인중개사가 분묘가 있는 토지에 관하여 중개의뢰인에게 설명한 내용으로 틀린 것은?** (다툼이 있으면 판례에 의함)

① 문중자연장지를 조성하려는 자는 관할 시장 등의 허가를 받아야 한다.

② 개인자연장지를 조성한 자는 자연장지의 조성을 마친 후 30일 이내에 관할 시장 등에게 신고하여야 한다.

③ 자연장지에는 사망자 및 연고자의 이름 등을 기록한 표지와 편의시설 외의 시설을 설치하여서는 아니 된다.

④ 가족묘지 등에 매장을 한 자는 30일 이내에 시장, 군수, 구청장에게 매장신고를 하여야 한다.

⑤ 공설묘지, 가족묘지, 종중 · 문중묘지 또는 법인묘지 안의 분묘 1기 및 당해 분묘의 상석, 비석 등 시설물의 설치구역 면적은 10제곱미터(합장의 경우에는 15제곱미터)를 초과하여서는 아니된다.

테마 33. 농지법(1문제)

문제

기출1. 개업공인중개사가 농지법에 대하여 중개의뢰인에게 설명한 내용으로 틀린 것은?
(다툼이 있으면 판례에 따름)

① 경매로 농지를 매수하려면 매수신청시에 농지자격취득증명서를 제출해야 한다.

② 개인이 소유하는 임대 농지의 양수인은 「농지법」에 따른 임대인의 지위를 승계한 것으로 본다.

③ 농지전용협의를 마친 농지를 취득하려는 자는 농지취득자격증명을 발급받을 필요가 없다.

④ 농지를 취득하려는 자가 농지에 대한 매매계약을 체결하는 등으로 농지에 관한 소유권이전등기청구권을 취득하였다면, 농지취득자격증명 발급신청권을 보유하게 된다.

⑤ 주말·체험영농을 목적으로 농지를 소유하려면 세대원 전부가 소유하는 총 면적이 1천제곱미터 미만이어야 한다.

01 **개업공인중개사가 농지를 취득하려는 중개의뢰인에게 설명한 내용으로 틀린 것은?**

① 농지의 임대차 기간은 2년 이상으로 하여야 한다.

② 농업경영을 하려는 자에게 농지를 임대하는 임대차계약은 서면계약을 원칙으로 한다.

③ 농업법인의 합병으로 농지를 취득하는 경우 농지취득자격증명을 발급받지 않고 농지를 취득할 수 있다.

④ 징집으로 인하여 농지를 임대하면서 임대차기간을 정하지 않은 경우 3년으로 약정된 것으로 본다.

⑤ 농지전용허가를 받아 농지를 소유하는 자가 취득한 날부터 2년 이내에 그 목적사업에 착수하지 않으면 해당 농지를 처분할 의무가 있다.

02 농지를 매수하고자 하는 의뢰인(법인 제외)에게 개업공인중개사가 설명한 내용으로 틀린 것은?

① 주말·체험영농의 목적으로 농지를 소유하는 경우 세대원 전부가 소유하는 총면적이 1천제곱미터 미만이어야 한다.

② 주말·체험영농의 목적인 경우에도 농지취득자격증명을 발급받아야 한다.

③ 주말·체험영농의 목적인 경우에도 농업진흥지역 내의 농지는 취득할 수 없다.

④ 농지취득자격증명은 농지취득의 원인이 되는 법률행위의 효력발생요건이다.

⑤ 주말·체험영농의 목적인 경우에는 주말·체험영농계획서를 제출해야 한다.

03 개업공인중개사가 중개의뢰인에게 「농지법」상 농지의 임대차에 대해 설명한 내용으로 틀린 것은?

① 선거에 따른 공직취임으로 인하여 일시적으로 농업경영에 종사하지 아니하게 된 자가 소유하고 있는 농지는 임대할 수 있다.

② 농업경영을 하려는 자에게 농지를 임대하는 임대차계약은 서면계약을 원칙으로 한다.

③ 농지이용증진사업 시행계획에 따라 농지를 임대하는 경우 임대차기간은 5년 이상으로 해야 한다.

④ 농지 임대차계약의 당사자는 임차료에 관하여 협의가 이루어지지 아니한 경우 농지소재지를 관할하는 시장·군수 또는 자치구구청장에게 조정을 신청할 수 있다.

⑤ 임대 농지의 양수인은 농지법에 따른 임대인의 지위를 승계한 것으로 본다.

04 다음 중 「농지법」에 따른 금지행위가 아닌 것은?

① 농지 소유 제한이나 농지 소유 상한에 대한 위반 사실을 알고도 농지를 소유하도록 권유하거나 중개하는 행위

② 농지의 위탁경영 제한에 대한 위반 사실을 알고도 농지를 위탁경영하도록 권유하거나 중개하는 행위

③ 농지의 임대차에 대한 위반 사실을 알고도 농지를 임대차 하도록 권유하거나 중개하는 행위

④ 농지법상의 금지행위와 그 금지행위가 행하여지는 업소에 대한 광고 행위

⑤ 농지의 사용대차 제한에 대한 위반 사실을 모르고 농지를 사용대차하도록 권유하거나 중개하는 행위

테마 34. 중개대상물 확인·설명서 작성(1-2문제)

■ 공인중개사법 시행규칙 [별지 제20호 서식] <개정 2024. 7. 2.>　　　　　　　　　(6쪽 중 제1쪽)

중개대상물 확인·설명서[Ⅰ] (주거용 건축물)

(주택 유형: [　]단독주택　　[　]공동주택　　[　]주거용 오피스텔　　)

(거래 형태: [　]매매·교환　[　]임대　　　　　　　　　　　　　　)

확인·설명 자료	확인·설명 근거자료 등	[　]등기권리증[　]등기사항증명서[　]토지대장[　]건축물대장 [　]지적도 [　]임야도[　]토지이용계획확인서 [**확정일자 부여현황**　]전입세대확인서 [**국세납세증명서**　][**지방세납세증명서**[　]그 밖의 자료(　　　　　)
	대상물건의 상태에 관한 자료요구 사항	

유의사항	
개업공인중개사의 확인·설명 의무	개업공인중개사는 중개대상물에 관한 권리를 취득하려는 중개의뢰인에게 성실·정확하게 설명하고, 토지대장 등본, 등기사항증명서 등 설명의 근거자료를 제시해야 합니다.
실제 거래가격 신고	

Ⅰ. 개업공인중개사 기본 확인사항

① 대상물건의 표시	토지	소재지				
		면적(㎡)		지목	공부상 지목	
					실제 이용 상태	
	건축물	전용면적(㎡)			대지지분(㎡)	
		준공년도 (증개축년도)		용도	건축물대장상 용도	
					실제 용도	
		구조		방향		(기준:　　)
		내진설계 적용여부		내진능력		
		건축물대장상 위반건축물 여부	[　]위반 [　]적법	위반내용		

② 권리관계	등기부 기재사항	소유권에 관한 사항		소유권 외의 권리사항	
		토지		토지	
		건축물		건축물	

③ 토지이용계획, 공법상 이용제한 및 거래규제에 관한 사항 (토지)	지역·지구	용도지역			건폐율 상한	용적률 상한
		용도지구			%	%
		용도구역				
	도시·군 계획 시설		허가·신고 구역 여부	[　]토지거래허가구역		
			투기지역 여부	[　]토지투기지역 [　]주택투기지역 [　]투기과열지구		
	지구단위계획구역, 그 밖의 도시·군관리계획			그 밖의 이용제한 및 거래규제사항		

④ 임대차 확인사항	확정일자 부여현황 정보	[ ] 임대인 자료 제출 [ ] 열람 동의		[ ] 임차인 권리 설명	
	국세 및 지방세 체납정보	[ ] 임대인 자료 제출 [ ] 열람 동의		[ ] 임차인 권리 설명	
	전입세대 확인서	[ ] 확인(확인서류 첨부) [ ] 미확인(열람·교부 신청방법 설명) [ ] 해당 없음			
	최우선변제금	소액임차인범위: 만원 이하		최우선변제금액: 만원 이하	
	민간임대 등록 여부	등록	[ ] 장기일반민간임대주택 [ ] 공공지원민간임대주택 [ ] 그 밖의 유형( )		[ ] 임대보증금 보증 설명
			임대의무기간	임대개시일	
	미등록 [ ]				
	계약갱신 요구권 행사 여부	[ ] 확인(확인서류 첨부) [ ] 미확인 [ ] 해당 없음			

개업공인중개사가 "④ 임대차 확인사항"을 임대인 및 임차인에게 설명하였음을 확인함	임대인	(서명 또는 날인)
	임차인	(서명 또는 날인)
	개업공인중개사	(서명 또는 날인)
	개업공인중개사	(서명 또는 날인)

※ 민간임대주택의 임대사업자는 「민간임대주택에 관한 특별법」 제49조에 따라 임대보증금에 대한 보증에 가입해야 합니다.
※ 임차인은 주택도시보증공사(HUG) 등이 운영하는 전세보증금반환보증에 가입할 것을 권고합니다.
※ 임대차 계약 후 「부동산 거래신고 등에 관한 법률」 제6조의2에 따라 30일 이내 신고해야 합니다(신고시 확정일자 자동부여).
※ 최우선변제금은 근저당권 등 선순위 담보물권 설정 당시의 소액임차인범위 및 최우선변제금액을 기준으로 합니다.

⑤ 입지조건	도로와의 관계	(m × m)도로에 접함 [ ] 포장 [ ] 비포장		접근성	[ ] 용이함 [ ] 불편함	
	대중교통	버스	( ) 정류장, 소요시간: ([ ] 도보 [ ] 차량) 약 분			
		지하철	( ) 역, 소요시간: ([ ] 도보 [ ] 차량) 약 분			
	주차장	[ ] 없음 [ ] 전용주차시설 [ ] 공동주차시설 [ ] 그 밖의 주차시설 ( )				
	교육시설	초등학교	( ) 학교, 소요시간: ([ ] 도보 [ ] 차량) 약 분			
		중학교	( ) 학교, 소요시간: ([ ] 도보 [ ] 차량) 약 분			
		고등학교	( ) 학교, 소요시간: ([ ] 도보 [ ] 차량) 약 분			

⑥ 관리에 관한 사항	경비실	[ ] 있음 [ ] 없음	관리주체	[ ] 위탁관리 [ ] 자체관리 [ ] 그 밖의 유형
	관리비	관리비 금액: 총 원 관리비 포함 비목: [ ] 전기료 [ ] 수도료 [ ] 가스사용료 [ ] 난방비 [ ] 인터넷 사용료 [ ] TV 수신료 [ ] 그 밖의 비목( ) 관리비 부과방식: [ ] 임대인이 직접 부과 [ ] 관리규약에 따라 부과 [ ] 그 밖의 부과 방식( )		

⑦ 비선호시설(1km 이내)	[ ] 없음 [ ] 있음 (종류 및 위치:)

⑧ 거래예정금액 등	거래예정금액			
	개별공시지가 (㎡당)		건물(주택) 공시가격	

⑨ 취득 시 부담할 조세의 종류 및 세율	취득세	%	농어촌특별세	%	지방교육세	%
	※ 재산세와 종합부동산세는 6월 1일 기준으로 대상물건 소유자가 납세의무를 부담합니다.					

Ⅱ. 개업공인중개사 세부 확인사항

⑩ 실제 권리관계 또는 공시되지 않은 물건의 권리 사항

⑪ 내부·외부 시설물의 상태 (건축물)	수 도	파손 여부	[ ] 없음 　　　[ ] 있음 (위치:　　　　　　　　)	
		용수량	[ ] 정상 　　　[ ] 부족함 (위치:　　　　　　　)	
	전 기	공급상태	[ ] 정상 　　　[ ] 교체 필요 (교체할 부분:　　　)	
	가스(취사용)	공급방식	[ ] 도시가스 　　[ ] 그 밖의 방식 (　　　　　　　)	
	소 방	단독경보형 감지기	[ ] 없음 [ ] 있음(수량:　　　개)	※「소방시설 설치 및 관리에 관한 법률」제10조 및 같은 법 시행령 제10조에 따른 주택용 소방시설로서 아파트(주택으로 사용하는 층수가 5개층 이상인 주택을 말한다)를 제외한 주택의 경우만 적습니다.
	난방방식 및 연료공급	공급방식	[ ] 중앙공급 [ ] 개별공급 [ ] 지역난방	시설작동: [ ] 정상 [ ] 수선 필요 (　　　　) ※ 개별 공급인 경우 사용연한 (　　　) [ ] 확인불가
		종류	[ ] 도시가스　　[ ] 기름　　[ ] 프로판가스　　[ ] 연탄 [ ] 그 밖의 종류 (　　　　　)	
	승강기		[ ] 있음 ([ ] 양호　　[ ] 불량)　　[ ] 없음	
	배 수		[ ] 정상　　[ ] 수선 필요 (　　　　　　　　　　)	
	그 밖의 시설물			

⑫ 벽면·바닥면 및 도배 상태	벽 면	균열	[ ] 없음　　　[ ] 있음 (위치:　　　　　　　　　)
		누수	[ ] 없음　　　[ ] 있음 (위치:　　　　　　　　　)
	바닥면		[ ] 깨끗함　　　[ ] 보통임　　　[ ] 수리 필요 (위치:　　　)
	도 배		[ ] 깨끗함　　　[ ] 보통임　　　[ ] 도배 필요

⑬ 환경조건	일조량	[ ] 풍부함　　　[ ] 보통임　　　[ ] 불충분 (이유:　　　　)		
	소 음	[ ] 아주 작음 [ ] 보통임 [ ] 심한 편임	진동	[ ] 아주 작음 [ ] 보통임 [ ] 심한 편임

⑭ 현장안내	현장안내자	[ ] 개업공인중개사　[ ] 소속공인중개사　[ ] 중개보조원(신분고지 여부: [ ] 예 [ ] 아니오) [ ] 해당 없음

※　"중개보조원" 이란 공인중개사가 아닌 사람으로서 개업공인중개사에 소속되어 중개대상물에 대한 현장안내 및 일반서무 등 개업공인중개사의 중개업무와 관련된 단순한 업무를 보조하는 사람을 말합니다.

※ 중개보조원은 「공인중개사법」 제18조의4에 따라 현장안내 등 중개업무를 보조하는 경우 중개의뢰인에게 본인이 중개보조원이라는 사실을 미리 알려야 합니다.

III. 중개보수 등에 관한 사항

⑮ 중개보수 및 실비의 금액과 산출내역	중개보수		<산출내역> 중개보수: 실 비: ※ 중개보수는 시·도 조례로 정한 요율한도에서 중개의뢰인과 개업공인중개사가 서로 협의하여 결정하며 부가가치세는 별도로 부과될 수 있습니다.
	실 비		
	계		
	지급시기		

「공인중개사법」 제25조 제3항 및 제30조 제5항에 따라 거래당사자는 개업공인중개사로부터 위 중개대상물에 관한 확인·설명 및 손해배상책임의 보장에 관한 설명을 듣고, 같은 법 시행령 제21조 제3항에 따른 본 확인·설명서와 같은 법 시행령 제24조 제2항에 따른 손해배상책임 보장 증명서류(사본 또는 전자문서)를 수령합니다.

년   월   일

매도인 (임대인)	주소		성명	(서명 또는 날인)
	생년월일		전화번호	
매수인 (임차인)	주소		성명	(서명 또는 날인)
	생년월일		전화번호	
개업 공인중개사	등록번호		성명(대표자)	(서명 및 날인)
	사무소 명칭		소속공인중개사	(서명 및 날인)
	사무소 소재지		전화번호	
개업 공인중개사	등록번호		성명(대표자)	(서명 및 날인)
	사무소 명칭		소속공인중개사	(서명 및 날인)
	사무소 소재지		전화번호	

작성방법(주거용 건축물)

<작성일반>

1. "[ ]"있는 항목은 해당하는 "[ ]"안에 √로 표시합니다.
2. 세부항목 작성 시 해당 내용을 작성란에 모두 작성할 수 없는 경우에는 별지로 작성하여 첨부하고, 해당란에는 "별지 참고"라고 적습니다.

<세부항목>

1. 「확인·설명자료」 항목의 "확인·설명 근거자료 등"에는 개업공인중개사가 확인·설명 과정에서 제시한 자료를 적으며, "대상물건의 상태에 관한 자료요구 사항"에는 매도(임대)의뢰인에게 요구한 사항 및 그 관련 자료의 제출 여부와 ⑩ 실제 권리관계 또는 공시되지 않은 물건의 권리사항부터 ⑬ 환경조건까지의 항목을 확인하기 위한 자료의 요구 및 그 불응 여부를 적습니다.
2. ① 대상물건의 표시부터 ⑨ 취득 시 부담할 조세의 종류 및 세율까지는 개업공인중개사가 확인한 사항을 적어야 합니다.
3. ① 대상물건의 표시는 토지대장 및 건축물대장 등을 확인하여 적고, 건축물의 방향은 주택의 경우 거실이나 안방 등 주실(主室)의 방향을, 그 밖의 건축물은 주된 출입구의 방향을 기준으로 남향, 북향 등 방향을 적고 방향의 기준이 불분명한 경우 기준(예: 남동향 - 거실 앞 발코니 기준)을 표시하여 적습니다.
4. ② 권리관계의 "등기부 기재사항"은 등기사항증명서를 확인하여 적습니다.
   가. 대상물건에 신탁등기가 되어 있는 경우에는 수탁자 및 신탁물건(신탁원부 번호)임을 적고, 신탁원부 약정사항에 명시된 대상물건에 대한 임대차계약의 요건(수탁자 및 수익자의 동의 또는 승낙, 임대차계약 체결의 당사자, 그 밖의 요건 등)을 확인하여 그 요건에 따라 유효한 임대차계약을 체결할 수 있음을 설명(신탁원부 교부 또는 ⑩ 실제 권리관계 또는 공시되지 않은 물건의 권리사항에 주요 내용을 작성)해야 합니다.
   나. 대상물건에 공동담보가 설정되어 있는 경우에는 공동담보 목록 등을 확인하여 공동담보의 채권최고액 등 해당 중개물건의 권리관계를 명확히 적고 설명해야 합니다.
   ※ 예를 들어, 다세대주택 건물 전체에 설정된 근저당권 현황을 확인·제시하지 않으면서, 계약대상 물건이 포함된 일부 호실의 공동담보 채권최고액이 마치 건물 전체에 설정된 근저당권의 채권최고액인 것처럼 중개의뢰인을 속이는 경우에는 「공인중개사법」 위반으로 형사처벌 대상이 될 수 있습니다.
5. ③ 토지이용계획, 공법상 이용제한 및 거래규제에 관한 사항(토지)의 "건폐율 상한 및 용적률 상한"은 시·군의 조례에 따라 적고, "도시·군계획시설", "지구단위계획구역, 그 밖의 도시·군관리계획"은 개업공인중개사가 확인하여 적으며, "그 밖의 이용제한 및 거래규제사항"은 토지이용계획확인서의 내용을 확인하고, 공부에서 확인할 수 없는 사항은 부동산종합공부시스템 등에서 확인하여 적습니다(임대차의 경우에는 생략할 수 있습니다).
6. ④ 임대차 확인사항은 다음 각 목의 구분에 따라 적습니다.
   가. 「주택임대차보호법」 제3조의7에 따라 임대인이 확정일자 부여일, 차임 및 보증금 등 정보(확정일자 부여 현황 정보) 및 국세 및 지방세 납세증명서(국세 및 지방세 체납 정보)의 제출 또는 열람 동의로 갈음했는지 구분하여 표시하고, 「공인중개사법」 제25조의3에 따른 임차인의 권리에 관한 설명 여부를 표시합니다.
   나. 임대인이 제출한 전입세대 확인서류가 있는 경우에는 확인에 √로 표시를 한 후 설명하고, 없는 경우에는 미확인에 √로 표시한 후 「주민등록법」 제29조의2에 따른 전입세대확인서의 열람·교부 방법에 대해 설명합니다(임대인이 거주하는 경우이거나 확정일자 부여현황을 통해 선순위의 모든 세대가 확인되는 경우 등에는 '해당 없음'에 √로 표시합니다).
   다. 최우선변제금은 「주택임대차보호법 시행령」 제10조(보증금 중 일정액의 범위 등) 및 제11조(우선변제를 받을 임차인의 범위)를 확인하여 각각 적되, 근저당권 등 선순위 담보물권이 설정되어 있는 경우 선순위 담보물권 설정 당시의 소액임차인범위 및 최우선변제금액을 기준으로 적어야 합니다.
   라. "민간임대 등록여부"는 대상물건이 「민간임대주택에 관한 특별법」에 따라 등록된 민간임대주택인지 여부를 같은 법 제60조에 따른 임대주택정보체계에 접속하여 확인하거나 임대인에게 확인하여 "[ ]"안에 √로 표시하고, 민간임대주택인 경우 같은 법에 따른 권리·의무사항을 임대인 및 임차인에게 설명해야 합니다.

※ 민간임대주택은「민간임대주택에 관한 특별법」제5조에 따른 임대사업자가 등록한 주택으로서, 임대인과 임차인 간 임대차 계약(재계약 포함) 시에는 다음의 사항이 적용됩니다.
  - 「민간임대주택에 관한 특별법」제44조에 따라 임대의무기간 중 임대료 증액청구는 5퍼센트의 범위에서 주거비 물가 지수, 인근 지역의 임대료 변동률 등을 고려하여 같은 법 시행령으로 정하는 증액비율을 초과하여 청구할 수 없으며, 임대차계약 또는 임대료 증액이 있은 후 1년 이내에는 그 임대료를 증액할 수 없습니다.
  - 「민간임대주택에 관한 특별법」제45조에 따라 임대사업자는 임차인이 의무를 위반하거나 임대차를 계속하기 어려운 경우 등에 해당하지 않으면 임대의무기간 동안 임차인과의 계약을 해제·해지하거나 재계약을 거절할 수 없습니다.

　마. "계약갱신요구권 행사여부"는 대상물건이 「주택임대차보호법」의 적용을 받는 주택으로서 임차 인이 있는 경우 매도인(임대인)으로부터 계약갱신요구권 행사 여부에 관한 사항을 확인할 수 있는 서류를 받으면 "확인"에 √로 표시하여 해당 서류를 첨부하고, 서류를 받지 못한 경우 "미 확인"에 √로 표시하며, 임차인이 없는 경우에는 "해당 없음"에 √로 표시합니다. 이 경우 개업공 인중개사는 「주택임대차보호법」에 따른 임대인과 임차인의 권리·의무사항을 매수인에게 설명 해야 합니다.

7. ⑥ 관리비는 직전 1년간 월평균 관리비 등을 기초로 산출한 총 금액을 적되, 관리비에 포함되는 비목 들에 대해서는 해당하는 곳에 √로 표시하며, 그 밖의 비목에 대해서는 √로 표시한 후 비목 내역을 적습니다. 관리비 부과방식은 해당하는 곳에 √로 표시하고, 그 밖의 부과방식을 선택한 경우에 는 그 부과방식에 대해서 작성해야 합니다. 이 경우 세대별 사용량을 계량하여 부과하는 전기료, 수도료 등 비목은 실제 사용량에 따라 금액이 달라질 수 있고, 이에 따라 총 관리비가 변동될 수 있음을 설명해야 합니다.

8. ⑦ 비선호시설(1㎞ 이내)의 "종류 및 위치"는 대상물건으로부터 1㎞ 이내에 사회통념상 기피 시설 인 화장장·봉안당·공동묘지·쓰레기처리장·쓰레기소각장·분뇨처리장·하수종말처리장 등의 시 설이 있는 경우, 그 시설의 종류 및 위치를 적습니다.

9. ⑧ 거래예정금액 등의 "거래예정금액"은 중개가 완성되기 전 거래예정금액을, "개별공시지가(㎡당)" 및 "건물(주택)공시가격"은 중개가 완성되기 전 공시된 공시지가 또는 공시가격을 적습니다[임대 차의 경우에는 "개별공시지가(㎡당)" 및 "건물(주택)공시가격"을 생략할 수 있습니다].

10. ⑨ 취득 시 부담할 조세의 종류 및 세율은 중개가 완성되기 전 「지방세법」의 내용을 확인하여 적습니다(임대차의 경우에는 제외합니다).

11. ⑩ 실제 권리관계 또는 공시되지 않은 물건의 권리 사항은 매도(임대)의뢰인이 고지한 사항(법정지 상권, 유치권, 「주택임대차보호법」에 따른 임대차, 토지에 부착된 조각물 및 정원수, 계약 전 소 유권 변동 여부, 도로의 점용허가 여부 및 권리·의무 승계 대상 여부 등)을 적습니다. 「건축법 시행령」 별표 1 제2호에 따른 공동주택(기숙사는 제외합니다) 중 분양을 목적으로 건축되었으나 분양되지 않아 보존등기만 마쳐진 상태인 공동주택에 대해 임대차계약을 알선하는 경우에는 이 를 임차인에게 설명해야 합니다.

　※ 임대차계약의 경우 현재 존속 중인 임대차의 임대보증금, 월 단위의 차임액, 계약기간 및 임대 차 계약의 장기수선충당금의 처리 등을 확인하여 적습니다. 그 밖에 경매 및 공매 등의 특이사 항이 있는 경우 이를 확인하여 적습니다.

12. ⑪ 내부·외부 시설물의 상태(건축물), ⑫ 벽면·바닥면 및 도배 상태와 ⑬ 환경조건은 중개대상 물에 대해 개업공인중개사가 매도(임대)의뢰인에게 자료를 요구하여 확인한 사항을 적고, ⑪ 내 부·외부 시설물의 상태(건축물)의 "그 밖의 시설물"은 가정자동화 시설(Home Automation 등 IT 관련 시설)의 설치 여부를 적습니다.

13. ⑮ 중개보수 및 실비는 개업공인중개사와 중개의뢰인이 협의하여 결정한 금액을 적되 "중개보수"는 거래예 정금액을 기준으로 계산하고, "산출내역(중개보수)"은 "거래예정금액(임대차의 경우에는 임대보증금 + 월 단위의 차임액 × 100) × 중개보수 요율"과 같이 적습니다. 다만, 임대차로서 거래예정 금액이 5천만원 미만인 경우에는 "임대보증금 + 월 단위의 차임액 × 70"을 거래예정금액으로 합니다.

14. 공동중개 시 참여한 개업공인중개사(소속공인중개사를 포함합니다)는 모두 서명·날인해야 하며, 2명 을 넘는 경우에는 별지로 작성하여 첨부합니다.

▌문제

기출1. 공인중개사법령상 중개대상물 확인 · 설명서[I] (주거용 건축물)의 작성방법으로 옳은 것을 모두 고른 것은?

> ㉠ 임대차의 경우 '취득시 부담할 조세의 종류 및 세율'은 적지 않아도 된다.
> ㉡ '환경조건'은 중개대상물에 대해 개업공인중개사가 매도(임대)의뢰인에게 자료를 요구하여 확인한 사항을 적는다.
> ㉢ 중개대상물에 법정지상권이 있는지 여부는 '실제 권리관계 또는 공시되지 않은 물건의 권리 사항'란에 개업공인중개사가 직접 확인한 사항을 적는다.

① ㉠   ② ㉠, ㉡   ③ ㉠, ㉢
④ ㉡, ㉢   ⑤ ㉠, ㉡, ㉢

---

01 공인중개사법령상 중개대상물 확인 · 설명서[II](비주거용 건축물)에서 개업공인중개사의 기본 확인사항이 아닌 것은?

① 소재지, 면적 등 대상물건의 표시에 관한 사항
② 소유권 외의 권리사항
③ 비선호시설(1Km 이내)의 유무에 관한 사항
④ 관리주체 등 관리에 관한 사항
⑤ 소유권에 관한 사항

---

02 공인중개사법령상 개업공인중개사가 확인 · 설명하여야 할 사항 중 중개대상물 확인 · 설명서[I](주거용 건축물), [II](비주거용 건축물), [III](토지), [IV](입목 · 광업재단 · 공장재단) 서식에 공통적으로 기재되어 있는 것을 모두 고른 것은?

> ㉠ 권리관계(등기부 기재사항)
> ㉡ 비선호시설
> ㉢ 거래예정금액
> ㉣ 환경조건(일조량 · 소음)
> ㉤ 실제 권리관계 또는 공시되지 않은 물건의 권리사항

① ㉠, ㉡   ② ㉡, ㉣
③ ㉠, ㉢, ㉤   ④ ㉠, ㉢, ㉣, ㉤
⑤ ㉠, ㉡, ㉢, ㉣, ㉤

03 공인중개사법령상 개업공인중개사가 토지의 중개대상물 확인 · 설명서에 기재해야
할 사항에 해당하는 것은 모두 몇 개인가?

> • 비선호시설(1km 이내)의 유무
> • 일조량 등 환경조건
> • 관리주체의 유형에 관한 사항
> • 공법상 이용제한 및 거래규제에 관한 사항
> • 접근성 등 입지조건

① 1개   ② 2개   ③ 3개
④ 4개   ⑤ 5개

04 개업공인중개사가 주택의 임대차를 중개하면서 중개대상물 확인 · 설명서[I](주거
용 건축물)를 작성하는 경우 제외하거나 생략할 수 있는 것을 모두 고른 것은?

> ㉠ 취득시 부담할 조세의 종류 및 세율
> ㉡ 개별공시지가(m²당) 및 건물(주택)공시가격
> ㉢ 다가구주택 확인서류 제출여부
> ㉣ 건축물의 방향

① ㉠, ㉡   ② ㉠, ㉢   ③ ㉢, ㉣
④ ㉠, ㉡, ㉣   ⑤ ㉡, ㉢, ㉣

05 다음 중 중개대상물 확인·설명서에 관한 설명으로 틀린 것은?

① 건축물의 내진설계 적용 여부와 내진능력은 건축물대장을 통하여 확인하여 기재하며, 개업공인중개사 세부 확인사항이다.

② 비주거용 건축물 확인설명서에는 교육시설, 판매 및 의료시설 등이 기재사항에 해당되지 않는다.

③ 토지의 확인설명서에서는 도로와의 관계, 대중교통, 비선호시설이 기재사항에 해당된다.

④ 대상건물이 위반건축물인지의 여부는 건축물대장을 통하여 조사하여 "대상물건의 표시"란에 기재한다.

⑤ 권리관계란의 "계약갱신요구권 행사여부"는 「주택·상가임대차보호법」의 보호를 받는 임차인이 있는 경우에 매도인(임대인)으로부터 계약갱신요구권 행사 여부에 관한 사항을 확인할 수 있는 서류를 받았는지를 표시한다.

06 다음 중 중개대상물 확인·설명서에 관한 설명으로 틀린 것은?

① 권리관계의 "민간임대 등록여부"는 주거용 건축물과 비주거용 건축물 확인설명서에서만 기재사항에 해당된다.

② 비주거용 건축물의 "그 밖의 시설물"란에는 공업용은 전기용량, 오수·정화시설용량, 용수시설 등을 기재한다.

③ "토지이용계획, 공법상 이용제한이나 거래규제"란의 도시·군계획시설, 지구단위계획구역, 그 밖의 도시·군관리계획은 토지이용계획확인서로 확인하여 기재한다.

④ "토지이용계획, 공법상 이용제한이나 거래규제에 관한 사항"란의 지역지구 등 지정여부나 허가·신고구역여부 등은 토지이용계획확인서의 내용을 확인하여 기재한다.

⑤ "토지이용계획, 공법상 이용제한이나 거래규제에 관한 사항"란의 건폐율 상한과 용적률 상한은 시·군의 조례에 따라 기재한다.

07 다음 중 중개대상물 확인 · 설명서에 관한 설명으로 틀린 것은?

① "중개대상물의 내 · 외부시설물의 상태"와 "벽면 · 바닥면 및 도배상태"는 개업공인중개사가 이전의뢰인에게 자료를 요구하여 확인한 사항을 기재한다.

② 매매의 경우 취득시 부담할 조세의 종류 및 세율은 모든 확인 · 설명서 서식에 공통으로 기재해야 할 사항이다.

③ 비주거용 건축물 중개대상물 확인 · 설명서 서식에는 비선호시설(1km 이내)이 있는지 여부를 표시해야 한다.

④ 중개보수는 법령으로 정한 요율 한도에서 중개의뢰인과 개업공인중개사가 협의하여 결정하며, 중개보수에는 부가가치세가 제외된 것으로 본다.

⑤ 비주거용 중개대상물 확인 · 설명서에서 내 · 외부시설물의 상태란의 소방에서는 소화전과 비상벨의 설치여부와 설치위치를 기재한다.

08 다음 중 중개대상물 확인 · 설명서에 관한 설명으로 틀린 것은?

① 주거용 건축물과 비주거용 건축물 중개대상물 확인 · 설명서에는 내진설계적용여부 및 내진능력에 대하여 건축물대장을 통하여 확인하여 기재한다.

② 중개대상물 확인 · 설명서에 재산세는 6.1일 기준 대상물건 소유자가 납세의무를 부담한다고 명시하고 있다.

③ 주거용 건축물 중개대상물 확인 · 설명서에서 내 · 외부시설물의 상태란의 소방에서는 단독경보형감지기의 설치여부를 아파트를 포함한 주택의 경우에 작성한다.

④ 중개보수는 부가가치세를 제외한 금액을 적는다.

⑤ 권리관계의 "민간임대 등록여부"는 주거용 건축물과 비주거용 건축물 확인 · 설명서에서만 기재사항에 해당된다.

09 다음 중 주거용건축물 확인 · 설명서 작성방법에 대한 기술 중 타당하지 않은 것은?

① 대상물건의 표시에서 건축물의 방향은 주택의 경우에는 거실이나 안방 등 주실의 방향을 기준으로 적는다.

② 임대차인 경우에는「주택임대차보호법」제3조의7에 따라 임대인이 확정일자 부여일, 차임 및 보증금 등 정보 및 국세 및 지방세 납세증명서의 제출 또는 열람 동의에 갈음했는지 구분하여 표시한다.

③ 최우선변제금은 근저당권 등 담보물권이 설정되어 있는 경우에 현재의 소액 임차인 범위 및 최우선변제금액을 적는다.

④ 관리비는 직전 1년간 월평균 관리비 등을 기초로 산출한 총 금액을 적는다.

⑤ 실제 권리관계 또는 공시되지 않은 물건의 권리사항란에는 임대차계약의 경우에 현재 존속중인 임대차의 임대보증금, 월 단위의 차임액, 계약기간 및 임대차 계약의 장기수선충당금의 처리 등을 확인하여 적는다.

10 다음 중 주거용건축물 확인 · 설명서 작성방법에 대한 기술 중 타당하지 않은 것은?

① 대상물건에 공동담보가 설정되어 있는 경우에는 공동담보 목록 등을 확인하여 공동담보의 채권최고액 등 해당 중개물건의 권리관계를 명확히 적고 설명해야 한다.

② 토지이용계획, 공법상 이용제한 및 거래규제에 관한 사항(토지)의 "건폐율 상한 및 용적률 상한"은 시 · 군의 조례에 따라 적는다.

③ 비선호시설(1km 이내)의 "종류 및 위치"는 대상물건으로부터 1km 이내에 사회통념상 기피 시설인 화장장 · 봉안당 · 공동묘지 · 쓰레기처리장 · 쓰레기소각장 · 분뇨처리장 · 하수종말처리장 등의 시설이 있는 경우, 그 시설의 종류 및 위치를 적습니다.

④ 내부 · 외부 시설물의 상태(건축물)의 "그 밖의 시설물"은 가정자동화 시설(Home Automation 등 IT 관련 시설)의 설치 여부를 적습니다.

⑤ 중개보조원은 현장안내 등 중개업무를 보조하는 경우 중개의뢰인에게 본인이 중개보조원이라는 사실을 미리 알려야 하며, 위반한 경우에는 개업공인중개사가 제재를 받고 중개보조원이 제재를 받지는 않는다.

테마 35. 전자계약시스템

▌문제

기출1. 「전자문서 및 전자거래 기본법」에 따른 공인전자문서센터에 보관된 경우, 공인중개사법령상 개업공인중개사가 원본, 사본 또는 전자문서를 보존기간 동안 보존해야 할 의무가 면제된다고 명시적으로 규정된 것을 모두 고른 것은?

> ㉠ 중개대상물 확인·설명서
> ㉡ 손해배상책임보장에 관한 증서
> ㉢ 소속공인중개사 고용신고서
> ㉣ 거래계약서

① ㉠   ② ㉠, ㉣   ③ ㉡, ㉢
④ ㉡, ㉢, ㉣   ⑤ ㉠, ㉡, ㉢, ㉣

01 다음 중 부동산거래계약시스템에 대한 기술 중 틀린 것은?

① 개업공인중개사는 부동산전자계약시스템에 회원가입되어 공인인증서를 발급받아야 전자계약서를 작성할 수 있다.

② 소속 공인중개사는 부동산전자계약시스템에 회원가입을 할 수 없어서 전자계약서를 작성할 수 없다.

③ 부동산 매매계약을 전자계약서를 작성하면 부동산거래계약이 체결된 때에 부동산 거래신고를 한 것으로 본다.

④ 임대차계약서를 전자계약서로 작성하여 타임스템프가 되면 확정일자가 자동 부여된다.

⑤ 개업공인중개사는 전자계약서를 작성하면 정보통합으로 처리비용을 절감시킬 수 있다.

02 **부동산 전자계약에 관한 설명으로 옳은 것은?**

① 시·도지사는 부동산거래의 계약·신고·허가·관리 등의 업무와 관련된 정보체계를 구축·운영하여야 한다.

② 부동산 거래계약의 신고를 하는 경우 전자인증의 방법으로 신분을 증명할 수 없다.

③ 정보처리시스템을 이용하여 주택임대차계약을 체결하였더라도 해당 주택의 임차인은 정보처리시스템을 통하여 전자계약인증서에 확정일자 부여를 신청할 수 없다.

④ 개업공인중개사가 부동산거래계약시스템을 통하여 부동산 거래계약을 체결한 경우 부동산 거래계약이 체결된 때에 부동산거래계약신고서를 제출한 것으로 본다.

⑤ 거래계약서 작성시 확인·설명사항이 「전자문서 및 전자거래 기본법」에 따른 공인전자문서센터에 보관된 경우라도 개업공인중개사는 확인·설명사항을 서면으로 작성하여 보존하여야 한다.

03 **부동산 거래신고 등에 관한 법령상 부동산정보체계의 관리 대상 정보로 명시된 것을 모두 고른 것은?**

> ㉠ 부동산 거래계약 등 부동산거래 관련 정보
> ㉡ 「부동산등기 특별조치법」 제3조에 따른 검인관련 정보
> ㉢ 중개사무소의 개설등록에 관한 정보
> ㉣ 토지거래계약의 허가 관련 정보

① ㉠, ㉢ 　　　　　　　　② ㉡, ㉣

③ ㉠, ㉡, ㉣ 　　　　　　④ ㉡, ㉢, ㉣

⑤ ㉠, ㉡, ㉢, ㉣

테마 36. 부동산실권리자 명의등기에 관한 법률(1문제)

1. 용어의 정의

> 법 제2조 【정의】 이 법에서 사용하는 용어의 정의는 다음과 같다.
> 1. "명의신탁약정"이라 함은 부동산에 관한 **소유권 기타 물권**(이하 "부동산에 관한 물권"이라 한다)을 보유한 자 또는 사실상 취득하거나 취득하려고 하는 자(이하 "실권리자"라 한다)가 타인과의 사이에서 대내적으로는 실권리자가 부동산에 관한 물권을 보유하거나 보유하기로 하고 그에 관한 등기(**가등기를 포함한다.** 이하 같다)는 그 타인의 명의로 하기로 하는 약정(**위임·위탁매매의 형식에 의하거나 추인에 의한 경우를 포함한다**)을 말한다. 다만, 다음 각목의 경우를 제외한다.
>   가. 채무의 변제를 담보하기 위하여 채권자가 부동산에 관한 물권을 이전받거나 가등기하는 경우
>   나. 부동산의 위치와 면적을 특정하여 2인이상이 구분소유하기로 하는 약정을 하고 그 구분소유자의 공유로 등기하는 경우
>   다. 신탁법 또는 신탁업법에 의한 신탁재산인 사실을 등기한 경우

2. 실권리자명의 등기의무

> 법 제3조 【실권리자명의등기의무등】 ① 누구든지 부동산에 관한 물권을 명의신탁약정에 의하여 명의수탁자의 명의로 등기하여서는 아니된다.
> ② 채무의 변제를 담보하기 위하여 채권자가 부동산에 관한 물권을 이전받는 경우에는 채무자·채권금액 및 채무변제를 위한 담보라는 뜻이 기재된 서면을 등기신청서와 함께 등기관에게 제출하여야 한다.

3. 명의신탁약정의 효력

> 제4조 【명의신탁약정의 효력】 ① 명의신탁약정은 무효로 한다.
> ② 명의신탁약정에 따라 행하여진 등기에 의한 부동산에 관한 물권변동은 무효로 한다. 다만, 부동산에 관한 물권을 취득하기 위한 계약에서 명의수탁자가 그 일방당사자가 되고 그 타방당사자는 명의신탁약정이 있다는 사실을 알지 못한 경우에는 그러하지 아니하다.
> ③ 제1항 및 제2항의 무효는 **제3자**에게 대항하지 못한다.

4. 종중 및 배우자에 대한 특례

> **법 제8조【종중 및 배우자에 대한 특례】** 다음 경우로서 조세포탈, 강제집행의 면탈 또는 법령상 제한의 회피를 목적으로 하지 아니하는 경우에는 제4조 내지 제7조 및 제12조 제1항·제2항의 규정을 적용하지 아니한다.
> 1. 종중이 보유한 부동산에 관한 물권을 종중(종중과 그 대표자를 같이 표시하여 등기한 경우를 포함한다)외의 자의 명의로 등기한 경우
> 2. 배우자 명의로 부동산에 관한 물권을 등기한 경우

▌등기명의신탁과 계약명의신탁의 비교

구 분	등기명의신탁		계약명의신탁
	이전형 명의신탁	중간생략형 명의신탁	
매매계약의 당사자	신탁자와 수탁자	신탁자와 매도인	수탁자와 매도인
명의신탁약정의 효력	무효	무효	무효
물권변동의 효력	무효	무효	유효
소유권의 귀속	신탁자	매도인	수탁자
수탁부동산의 반환청구	가능(명의회복)	가능(매도인 대위)	불가능
수탁자의 횡령죄	불성립	불성립	불성립
제3자 보호	선의·악의를 불문하고 보호		

5. 제 재

(1) 벌 칙

① 5년 이하의 징역 또는 2억원 이하의 벌금 : 명의신탁약정의 금지에 위반한 명의신탁자

② 3년 이하의 징역 또는 1억원 이하의 벌금 : 명의수탁자

③ 1년 이하의 징역 또는 3,000만원 이하의 벌금 : 이들을 방조한 자

(2) 과징금

명의신탁자·장기미등기자·기존 명의신탁자에게 당해 부동산 가액의 30%에 해당하는 과징금 부과한다.

(3) 이행강제금

과징금을 부과받은 명의신탁자는 지체없이 자신의 명의로 등기하여야 하는데, 이를 위반한 경우에는 다음의 금액이 부과된다.

① 과징금 부과일로부터 1년 경과 : 부동산 평가액의 100분의 10(10%)을 부과한다.

② 과징금 부과일로부터 2년 경과 : 부동산 평가액의 100분의 20(20%)을 부과한다.

문제

기출1. 2023. 10. 7. 甲은 친구 乙과 X부동산에 대하여 乙을 명의수탁자로 하는 명의신탁약정을 체결하였다. 개업공인중개사가 이에 관하여 설명한 내용으로 옳은 것을 모두 고른 것은? (다툼이 있으면 판례에 따름)

> ㉠ 甲과 乙 사이의 명의신탁약정은 무효이다.
> ㉡ X부동산의 소유자가 甲이라면, 명의신탁약정에 기하여 甲에서 乙로 소유권이전등기가 마쳐졌다는 이유만으로 당연히 불법원인급여에 해당한다고 볼 수 없다.
> ㉢ X부동산의 소유자가 丙이고 계약명의신탁이라면, 丙이 그 약정을 알았더라도 丙으로부터 소유권이전등기를 마친 乙은 유효하게 소유권을 취득한다.

① ㉠　　　　　　　　② ㉡　　　　　　　　③ ㉢
④ ㉠, ㉡　　　　　　⑤ ㉠, ㉡, ㉢

01 甲과 친구 乙은 乙을 명의수탁자로 하는 계약명의신탁약정을 하였고, 이에 따라 乙은 2020. 10. 17. 丙소유 X토지를 매수하여 乙명의로 등기하였다. 이 사안에서 개업공인중개사가 「부동산 실권리자명의 등기에 관한 법률」의 적용과 관련하여 설명한 내용으로 옳은 것을 모두 고른 것은? (다툼이 있으면 판례에 따름)

> ㉠ 甲과 乙의 위 약정은 무효이다.
> ㉡ 甲과 乙의 위 약정을 丙이 알지 못한 경우라면 그 약정은 유효하다.
> ㉢ 甲과 乙의 위 약정을 丙이 알지 못한 경우, 甲은 X토지의 소유권을 취득한다.
> ㉣ 甲과 乙의 위 약정을 丙이 안 경우, 乙로부터 X토지를 매수하여 등기한 丁은 그 소유권을 취득하지 못한다.

① ㉠　　　　　　　　② ㉣　　　　　　　　③ ㉠, ㉡
④ ㉡, ㉢　　　　　　⑤ ㉡, ㉢, ㉣

02 명의신탁자 甲은 명의수탁자 乙과 명의신탁약정을 하고 매도인 丙과 부동산에 대한 매매계약을 체결하고 매매대금을 지급하였고, 등기는 丙에게서 직접 乙에게 이전하였다. 다음 기술 중 타당하지 않은 것은?

① 甲과 乙과의 명의신탁약정은 무효이다.

② 丙에게서 乙로의 소유권이전등기는 무효이다.

③ 甲은 丙을 대위하여 乙에게 신탁부동산의 반환을 청구할 수 있다.

④ 乙이 신탁부동산을 제3자에게 양도하면 횡령죄가 성립된다.

⑤ 乙은 3년 이하의 징역이나 1억원 이하의 벌금에 처해진다.

03 2021. 10. 1. 甲과 乙은 甲 소유의 X토지에 관해 매매계약을 체결하였다. 乙과 丙은 「농지법」상 농지소유제한을 회피할 목적으로 명의신탁약정을 하였다. 그 후 甲은 乙의 요구에 따라 丙 명의로 소유권이전등기를 마쳐주었다. 그 사정을 아는 개업공인중개사가 X토지의 매수의뢰인에게 설명한 내용으로 옳은 것을 모두 고른 것은? (다툼이 있으면 판례에 따름)

> ㉠ 甲이 丙 명의로 마쳐준 소유권이전등기는 유효하다.
> ㉡ 乙은 丙을 상대로 매매대금 상당의 부당이득 반환청구권을 행사할 수 있다.
> ㉢ 乙은 甲을 대위하여 丙 명의의 소유권이전등기의 말소를 청구할 수 있다.

① ㉠   ② ㉡   ③ ㉢

④ ㉠, ㉡   ⑤ ㉡, ㉢

04 공인중개사가 중개행위를 하면서 부동산 실권리자명의 등기에 관한 법령에 대하여 설명한 내용으로 옳은 것은?

① 위법한 명의신탁약정에 따라 수탁명의로 등기한 명의신탁자는 5년 이하의 징역 또는 2억원 이하의 벌금에 처한다.

② 무효인 명의신탁약정에 따라 수탁자명의로 등기한 명의신탁자에게 해당 부동산 가액의 100분의 30에 해당하는 확정금액의 과징금을 부과한다.

③ 위법한 명의신탁의 신탁자라도 이미 실명등기를 하였을 경우에는 과징금을 부과하지 않는다.

④ 명의신탁을 이유로 과징금을 부과받은 자에게 과징금부과일부터 부동산평가액의 100분의 20에 해당하는 금액을 매년 이행강제금으로 부과한다.

⑤ 종교단체의 명의로 그 산하조직이 보유하나 부동산에 관한 물권을 등기한 경우, 그 등기는 언제나 무효이다.

테마 37. **주택임대차보호법(1문제)**

1. 적용범위

(1) 주거용건물(**미등기, 무허가건물 포함**)의 전부 또는 일부의 임대차에 관하여 이를 적용한다. 그 임차주택의 일부가 주거 외의 목적으로 사용되는 경우에도 또한 같다.

(2) 주택의 등기하지 아니한 전세계약에 관하여 이를 준용한다. 이 경우 '전세금'은 '임대차의 보증금'으로 본다.

(3) 이 법은 일시사용을 위한 임대차임이 명백한 경우에는 이를 적용하지 아니한다.

(4) **한국토지주택공사**와 주택사업을 목적으로 설립된 **지방공사**에도 예외적으로 적용된다.

(5) **중소기업**에 해당하는 법인이 소속 직원의 주거용으로 주택을 임차한 후 그 법인이 선정한 직원이 해당주택을 인도받고 주민등록을 마쳤을 때 적용된다.

2. 임대차기간과 차임 등의 증감청구권

(1) **임대차 기간**

기간을 정하지 아니하거나 2년 미만으로 정한 임대차는 그 기간을 **2년**으로 본다. 다만, 임차인은 2년 미만으로 정한 기간이 유효함을 주장할 수 있다(동법 제4조 제1항). 임대차기간이 끝난 경우에도 임차인이 보증금을 반환받을 때까지는 임대차관계가 존속되는 것으로 본다(동법 제4조 제2항).

임대인이 임대차기간 만료 전 **6개월 전부터 2개월 전**까지에 임차인에 대하여 갱신거절의 통지 또는 조건을 변경하지 아니하면 갱신하지 아니한다는 뜻의 통지를 하지 아니한 경우에는 그 기간이 만료된 때에 전임대차와 동일한 조건으로 다시 임대차한 것으로 본다.

임차인이 임대차기간 만료 **2개월 전**까지 통지하지 아니한 때에도 또한 같다(동법 제6조 제1항). 이 경우 임대차의 존속기간은 2년으로 본다(동법 제6조 제2항).

또한 **임차인**은 언제든지 임대인에 대하여 계약해지의 통지를 할 수 있다. 해지는 임대인이 그 통지를 받은 날부터 **3월이 경과**하면 그 효력이 발생한다.

(2) **차임 등의 증감청구권**

증액의 경우에는 **약정한 차임 등의 20분의 1의 금액**을 초과하지 못하며, 증액청구는 임대차계약 또는 약정한 차임 등의 증액이 있은 후 1년 이내에는 이를 하지 못한다.

3. 임차인의 계약갱신 요구권

(1) 의 의

임차인이 임대차기간이 끝나기 **6개월 전부터 2개월 전**까지의 기간 이내에 계약 갱신을 요구할 경우 임대인은 정당한 사유 없이 거절하지 못한다. 이 경우에 차임 과 보증금의 증액청구는 약정한 차임이나 보증금의 **20분의 1의 금액**을 초과하지 못한다. 다만, 특별시·광역시·특별자치시·도 및 특별자치도는 관할 구역 내의 지역별 임대차 시장 여건 등을 고려하여 본문의 범위에서 증액청구의 상한을 조 례로 달리 정할 수 있다(동법 제7조 제2항).

(2) **계약갱신거절사유**(동법 제6조의3 제1항)

① **임차인이 2기의 차임액**에 해당하는 금액에 이르도록 차임을 연체한 사실이 있 는 경우

② ③ 서로 합의하여 **임대인이 임차인에게 상당한 보상**을 제공한 경우

④ ⑤ 임차인이 임차한 주택의 전부 또는 일부를 **고의나 중대한 과실**로 파손한 경우

⑥ ⑦ ⑧ **임대인**(임대인의 직계존속·직계비속을 포함한다)**이 목적 주택에 실제 거주하려는 경우**

⑨ 그 밖에 임차인이 임차인으로서의 의무를 현저히 위반하거나 임대차를 계속하 기 어려운 중대한 사유가 있는 경우

(3) **계약갱신요구의 횟수 및 기간**

임차인은 계약갱신요구권을 **1회에 한하여** 행사할 수 있다(동법 제6조의3 제2항). 이 경우 갱신되는 임대차의 존속기간은 2년으로 본다(동법 제6조의3 제2항). 계약 이 갱신된 경우 임차인은 언제든지 임대인에게 계약해지(契約解止)를 통지할 수 있고, 임차인의 해지는 임대인이 그 통지를 받은 날부터 **3개월이** 지나면 그 효력 이 발생한다(동법 제6조의3 제4항).

(4) **손해배상**

임대인(임대인의 직계존속·직계비속을 포함한다)이 목적 주택에 실제 거주하려 는 경우에 해당되어 계약갱신을 거절하였음에도 불구하고 갱신요구가 거절되지 아니하였더라면 갱신되었을 기간이 만료되기 전에 정당한 사유 없이 제3자에게 목적 주택을 임대한 경우 임대인은 갱신거절로 인하여 임차인이 입은 손해를 배 상하여야 한다(동법 제6조의3 제1항).

손해배상액은 거절 당시 당사자 간에 손해배상액의 예정에 관한 합의가 이루어지 지 않는 한 다음 각 호의 금액 중 **큰 금액**으로 한다(동법 제6조의3 제5항).

① 갱신거절 당시 월차임(환산월차임)의 3개월분에 해당하는 금액
② 임대인이 제3자에게 임대하여 얻은 환산월차임과 갱신거절 당시 환산월차임 간 차액의 2년분에 해당하는 금액
③ 임대인(임대인의 직계존속·직계비속을 포함한다)이 목적 주택에 실제 거주하려는 경우에 해당되어 계약갱신 거절로 인하여 임차인이 입은 손해액

4. 대항력

(1) 주택임대차는 그 등기가 없는 경우에도 임차인이 주택의 인도와 주민등록을 마친 때에는 그 익일부터 제3자에 대하여 효력이 생긴다. 이 경우 전입신고를 한 때에 주민등록이 된 것으로 본다.

① 다가구주택인 경우에 지번까지만 전입신고를 하면 대항력이 인정된다.
② 다세대주택인 경우에 동과 호수까지 정확하게 전입신고가 되어야 대항력이 인정된다.
③ 다가구주택이 다세대주택으로 전환된 경우에는 주소정정을 하지 않아도 대항력이 인정된다.
④ 대항력을 유지하기 위한 요건으로서의 주민등록은 임차인뿐만 아니라 그 자녀의 주민등록도 유효하다.
⑤ 임차인이 전입신고를 올바르게 하고 입주했으나 공무원이 착오로 지번을 잘못 기재하였다면 대항력이 인정된다.
⑥ 임차인이 전입신고를 잘못한 경우에는 대항력이 인정되지 않는다.
⑦ 임차인이 공무원의 도움으로 전입신고를 잘못한 경우에는 대항력이 인정되지 않는다.
⑧ 주민등록이 직권말소된 경우에는 대항력이 인정되지 않는다.
⑨ 분양계약(매매계약)이 해제된 경우에 해제되기 전에 임차인이 대항력을 갖추고 있으면 임차인은 분양권자의 명도청구에 대항할 수 있다.
⑩ 임차인이 별도로 전세권설정등기를 마쳤고 세대원 전원이 다른 곳으로 이사를 가면 주택임대차보호법상의 대항력은 상실된다.
⑪ 임차인이 주택을 사용수익하려는 것이 아니라 소액임차인으로서 보호받아 채권을 회수하려는 목적인 경우에는 대항력이 인정되지 않는다.

(2) 임차주택의 양수인(기타 임대할 권리를 승계한 자를 포함한다)은 임대인의 지위를 승계한 것으로 본다.

5. 보증금 보장

구 분	최우선변제권	우선변제권
요 건	대항요건	대항요건＋**확정일자인**
효 력	다른 담보물권자(타권리자)보다 우선변제	후순위 권리자 기타 채권자보다 우선변제
범 위	소액보증금	무제한
우선변제 범위	소액보증금 1. 서울특별시 　: 1억 6천 500만원 **이하 중 5천 500만원** 2. 수도권 중 과밀억제권역, 세종, 용인, 화성, 김포 　: 1억 4천 500만원 **이하 중 4천 800만원** 3. 광역시, 안산, 광주, 이천, 평택 　: 8천 500만원 **이하 중 2천 800만원** 4. 기타 지역 　: 7천 500만원 **이하 중 2천 500만원**	보증금 전액
제 한	주택가격의 1/2범위 안에서	무제한
대항요건 완비시기	경매개시결정 기입등기 전	시기에 상관없음
법인적용 여부	적용대상이 아님	적용대상임

6. **임차권등기명령**(동법 제3조의3)

(1) 임대차가 종료된 후 보증금을 반환받지 못한 임차인은 **임차주택의 소재지**를 관할하는 지방법원·지방법원지원 또는 시·군법원에 임차권등기명령을 신청할 수 있다.

(2) 임차권등기명령신청을 기각하는 결정에 대하여 임차인은 항고할 수 있다.

(3) 임차권등기명령의 집행에 의한 임차권등기가 경료되면 임차인은 대항력 및 우선변제권을 취득한다. 다만, 임차인이 임차권등기이전에 이미 대항력 또는 우선변제권을 취득한 경우에는 그 대항력 또는 우선변제권은 그대로 유지되며, 임차권등기 이후에는 대항요건을 상실하더라도 이미 취득한 대항력 또는 우선변제권을 상실하지 아니한다.

(4) 임차권등기명령의 집행에 의한 임차권등기가 경료된 주택(임대차의 목적이 주택의 일부분인 경우에는 해당 부분에 한한다)을 그 이후에 임차한 임차인은 **제8조의 규정에 의한 우선변제를 받을 권리가 없다.**

⑸ 임차권등기의 촉탁, 등기공무원의 임차권등기 기입 등 임차권등기명령의 시행에 관하여 필요한 사항은 대법원규칙으로 정한다.

⑹ 임차인은 제1항의 규정에 의한 임차권등기명령의 신청 및 그에 따른 임차권등기와 관련하여 소요된 비용을 임대인에게 청구할 수 있다.

▌문제

기출1. 개업공인중개사가 「주택임대차보호법」의 적용에 관하여 설명한 내용으로 틀린 것을 모두 고른 것은? (다툼이 있으면 판례에 따름)

> ㉠ 주택의 미등기 전세계약에 관하여는 「주택임대차보호법」을 준용한다.
> ㉡ 주거용 건물에 해당하는지 여부는 임대차목적물의 공부상의 표시만을 기준으로 정하여야 한다.
> ㉢ 임차권등기 없이 우선변제청구권이 인정되는 소액임차인의 소액보증금반환채권은 배당요구가 필요한 배당요구채권에 해당하지 않는다.

① ㉠   ② ㉡   ③ ㉠, ㉢
④ ㉡, ㉢   ⑤ ㉠, ㉡, ㉢

01 개업공인중개사가 중개의뢰인에게 「주택임대차보호법」의 내용에 관하여 설명한 것으로 틀린 것은? (단, 임차인은 자연인임)

① 「주택임대차보호법」은 주거용 건물의 임대차에 적용되며, 그 임차주택의 일부가 주거 외의 목적으로 사용되는 경우에도 적용된다.

② 임차인의 계약갱신요구권의 행사를 통해 갱신되는 임대차의 존속기간은 2년으로 본다.

③ 임차인은 임차주택에 대한 경매신청의 등기 전에 대항요건을 갖추지 않은 경우에도 보증금 중 일정액에 대해서는 다른 담보물권자보다 우선하여 변제받을 권리가 있다.

④ 임차인이 대항력을 갖춘 경우 임차주택의 양수인은 임대인의 지위를 승계한 것으로 본다.

⑤ 임차권등기명령의 집행에 따른 임차권등기를 마친 임차인은 이후 대항요건을 상실하더라도 이미 취득한 대항력 또는 우선변제권을 상실하지 아니한다.

02 개업공인중개사가 중개의뢰인에게 주택임대차보호법령에 대해 설명한 내용으로 틀린 것은? (다툼이 있으면 판례에 따름)

① 임차인이 임대차기간이 끝나기 6개월 전부터 2개월 전까지의 기간 이내에 계약갱신을 요구한 경우 임대인은 정당한 사유 없이 거절하지 못한다.

② 임차인이 2기의 차임액에 달하는 금액에 이르도록 차임을 연체한 사실이 있는 경우에는 임대인은 임차인의 계약갱신요구를 거절할 수 있다.

③ 임대인이 자기나 직계존·비속 또는 자기의 인척이 목적주택에 실제 거주하려는 경우에는 계약갱신을 거절할 수 있다.

④ 임차인의 계약갱신요구권은 1회에 한하여 행사할 수 있다.

⑤ 임대인이 자기가 실제 거주하려고 계약갱신을 거절하였음에도 불구하고 갱신요구가 거절되지 아니하였더라면 갱신되었을 기간이 만료되기 전에 정당한 사유 없이 제3자에게 목적 주택을 임대한 경우 임대인은 갱신거절로 인하여 임차인이 입은 손해를 배상하여야 한다.

03 개업공인중개사가 중개의뢰인에게 주택임대차보호법령에 대해 설명한 내용으로 틀린 것은? (다툼이 있으면 판례에 따름)

① 임차인이 미성년자라서 그의 부친이 자신의 이름으로 임대차계약을 체결하더라도 주택임대차보호법상의 보호를 받을 수 있다고 설명하였다.

② 다가구용 단독주택을 임차하여 대항력을 취득한 후에 그 주택이 다세대주택으로 변경된 사정만으로는 임차인의 대항력이 상실되는 것은 아니다.

③ 대항력을 유지하기 위한 요건으로서의 주민등록은 임차인뿐만 아니라 그 자녀의 주민등록도 유효하다.

④ 임대인이 계약해제로 인하여 주택의 소유권을 상실하게 되었다면, 임차인이 그 계약이 해제되기 전에 대항력을 갖춘 경우에는 새로운 소유자에게 대항할 수 있다.

⑤ 임차인이 전입신고를 올바르게 하고 입주했으나 공무원이 착오로 지번을 잘못 기재하였다면 정정될 때까지 대항력이 생기지 않는다.

04 개업공인중개사가 중개의뢰인에게 주택임대차보호법령에 대해 설명한 내용으로 틀린 것은? (다툼이 있으면 판례에 따름)

① 주택임차인의 의사에 의하지 아니하고 주민등록법 및 동법시행령에 따라 시장 군수 또는 구청장에 의하여 직권조치로 주민등록이 말소된 경우에도 원칙적으로 그 대항력은 상실된다.

② 임차인이 별도로 전세권설정등기를 마쳤다면 세대원 전원이 다른 곳으로 이사를 가더라도 이미 취득한 대항력은 유지된다.

③ 확정일자는 주택 소재지의 읍·면사무소, 동 주민센터 또는 시·군·구의 출장소, 지방법원 및 그 지원과 등기소 또는 「공증인법」에 따른 공증인이 부여한다.

④ 확정일자부여기관은 해당 주택의 소재지, 확정일자 부여일, 차임 및 보증금 등을 기재한 확정일자부를 작성하여야 한다. 이 경우 전산처리정보조직을 이용할 수 있다.

⑤ 주택의 임대차에 이해관계가 있는 자는 확정일자부여기관에 해당 주택의 확정일자 부여일, 차임 및 보증금 등 정보의 제공을 요청할 수 있다. 이 경우 요청을 받은 확정일자부여기관은 정당한 사유 없이 이를 거부할 수 없다.

05 개업공인중개사가 중개의뢰인에게 주택임대차보호법령에 대해 설명한 내용으로 틀린 것은? (다툼이 있으면 판례에 따름)

① 임대차계약을 체결하려는 자는 임대인의 동의를 받아 확정일자부여기관에 정보제공을 요청할 수 있다.

② 확정일자를 받은 임차인은 경매절차에서 배당요구를 하지 않아도 보증금의 우선변제를 받을 수 있다.

③ 임차권등기가 첫 경매개시결정등기 전에 등기된 경우, 임차인이 별도의 배당요구를 하지 않아도 배당받을 채권자에 속한다.

④ 임차인이 주택의 인도를 받고 주민등록을 마친 날과 제3자의 저당권설정 등기일이 같은 날이면 임차인은 저당권의 실행으로 그 주택을 취득한 매수인에게 대항하지 못한다.

⑤ 주택의 인도와 전입신고와 확정일자를 동일한 날에 받은 경우에는 익일부터 동주택이 경매된 경우에 후순위물권에 우선하여 경락대금에서 배당받을 수 있다.

06 개업공인중개사가 중개의뢰인에게 주택임대차보호법령에 대해 설명한 내용으로 옳은 것은? (다툼이 있으면 판례에 따름)

① 현행 법령상 소액임차인에 해당한다고 하더라도 주택임대차보호법의 종전규정에 의할 경우에 선순위 저당권자와의 관계에서 소액임차인에 해당되지 않는 경우가 있을 수 있다.

② 주택의 인도와 전입신고하고 며칠 후에 확정일자를 받았으나, 확정일자를 받은 날에 저당권설정이 이루어진 경우에는 저당권설정이 확정일자에 우선한다고 설명하였다.

③ 이행지체에 빠진 임대인의 보증금반환의무와 임차권등기명령에 의하여 등기된 임차권등기의 말소의무는 동시이행관계에 있다.

④ 임차권등기명령의 집행에 의한 임차권등기가 경료된 주택을 그 이후에 임차한 임차인은 후순위물권에 우선하는 우선변제를 받을 권리가 없다.

⑤ 확정일자 없이 대항요건만을 갖춘 임차인은 임차권등기명령에 의해 임차권등기가 경료되더라도 우선변제권을 취득하지 못한다.

테마 38. 상가건물 임대차보호법(1문제)

1. 적용범위

사업자 등록의 대상이 되는 영업용 건물의 임대차에 대해서만 적용되며, 아래 표에 의한 보증금액 이하의 임대차에만 적용된다.

▌상가건물 임대차보호법 적용대상 보증금액

구 분	법 적용대상 보증금액	비 고
서울특별시	9억원 이하	
수도권정비계획법에 의한 수도권 중 과밀억제구역 (부산, 인천, 의정부, 성남 등)	6억 9천만원 이하	서울특별시 제외
광역시, 세종시, 파주시, 화성시, 안산시, 용인시, 김포시 및 광주시	5억 4천만원 이하	군지역, 과밀억제권역 제외
그 밖의 지역	3억 7천만원 이하	

* 보증금액을 산정함에 있어 보증금의 월차임이 있는 경우에는 월차임에 100을 곱한 금액을 보증금에 합산함.

* **임차인의 계약갱신요구권, 대항력, 권리금회수기회보호 등은 「상가건물 임대차보호법」의 보호대상이 되는 보증금액을 초과하는 임대차에 대하여도 적용된다.**

2. 대항력(인도+사업자등록)

상가건물임차인이 건물의 인도와 부가가치세법 등의 규정에 의한 관할세무서장에게 사업자 등록을 한 때에는 익익(다음날 오전 0시)부터 제3자에게 대항할 수 있다.

3. 우선변제권(대항요건+확정일자)

대항요건을 갖추고 임대차계약서상의 확정일자(관할세무서장에게 받음)를 받은 임차인은 민사집행법에 의한 경매 또는 국세징수법에 의한 공매시 임차건물(임대인 소유 대지 포함)의 환가대금에서 후순위권리자 기타 채권자보다 우선하여 보증금을 변제받을 권리가 있다.

4. 최우선변제(대항요건＋소액보증금)

상가임대차의 소액임차인은 임차건물의 경매신청등기전에 대항요건을 갖추었다면 경매·공매시 낙찰대금으로부터 보증금 중 일정액에 대해 최우선변제를 받을 수 있다.

▌소액보증금의 범위

구 분	소액임차보증금액	최우선 변제금액
서울특별시	(환산보증금)6,500만원 이하	2,200만원까지
수도권정비계획법에 의한 수도권 중 과밀억제권역	(환산보증금)5,500만원 이하	1,900만원까지
광역시, 안산시, 용인시, 김포시 및 광주시	(환산보증금)3,800만원 이하	1,300만원까지
그 밖의 지역	(환산보증금)3,000만원 이하	1,000만원까지

최우선변제대상 소액보증금 중 일정액의 합계가 **낙찰대금**의 1/2을 초과하는 경우에는 1/2에 해당하는 금액의 한도 내에서 최우선변제가 인정된다.

5. 계약갱신요구권

⑴ 계약갱신요구권

① 임대인은 임차인이 임대차기간이 만료되기 6개월 전부터 1개월 전까지 사이에 계약갱신을 요구할 경우 정당한 사유 없이 거절하지 못한다.

② 임차인은 최초의 임대차 기간을 포함한 전체 임대차 기간이 **10년**을 초과하지 않는 범위 내에서 갱신을 요구할 수 있으며, 계약갱신요구에 대하여 임대인은 정당한 사유없이 이를 거절하지 못한다.

③ 임대인의 동의를 얻어 임대차계약을 체결한 경우에 전차인은 임차인의 계약갱신요구권 행사기간 범위 내에서 임차인을 대위하여 임대인에게 계약갱신요구권을 행사할 수 있다.

④ 임차인의 계약갱신요구권은 「상가건물 임대차보호법」의 보호대상이 되는 보증금액을 초과하는 임대차에 대하여도 적용된다.

⑵ 계약갱신거절 : 임대인은 아래와 같은 정당한 사유에 해당하는 경우에는 계약갱신을 거절할 수 있다.

① **임차인이 3기의 차임액에 해당하는 금액**에 달하도록 차임을 연체한 사실이 있는 경우

② ③ 쌍방 합의하에 임대인이 임차인에게 **상당한 보상**을 제공한 경우

④ ⑤ 임차인이 임차한 건물의 전부 또는 일부를 **고의 또는 중대한 과실**로 파손한 경우

⑥ ⑦ ⑧ 그 밖의 임차인이 임차인으로서의 의무를 현저히 위반하거나 임대차를 존속하기 어려운 중대한 사유가 있는 경우

(3) **갱신된 임대차의 조건 등** : 갱신되는 임대차는 전임대차와 동일한 조건으로 다시 계약된 것으로 본다. 다만 임대인 및 임차인은 차임과 보증금에 대해 증감액을 청구할 수 있으며, 차임 또는 보증금의 증액청구는 **청구 당시의 차임 또는 보증금의 100분의 5 금액을 초과하지 못한다.** 이는 경제사정의 변동 등으로 인한 차임 등의 증액청구에도 또한 같다.

6. 상가 권리금 보호

(1) **권리금의 정의**

권리금이란 임대차 목적물인 상가건물에서 영업을 하는 자 또는 영업을 하려는 자가 영업시설·비품, 거래처, 신용, 영업상의 노하우, 상가건물의 위치에 따른 영업상의 이점 등 유형·무형의 재산적 가치의 양도 또는 이용대가로서 임대인, 임차인에게 보증금과 차임 이외에 지급하는 금전 등의 대가를 말한다.

(2) **권리금 회수기회 보호 등**

1) **권리금 회수기회 보호**

임대인은 **임대차기간이 끝나기 6개월 전부터 임대차 종료시까지** 권리금 계약에 따라 임차인이 주선한 신규임차인이 되려는 자로부터 권리금을 지급받는 것을 방해하여서는 아니 된다.

① 임차인이 주선한 신규임차인이 되려는 자에게 **권리금을 요구**하거나 임차인이 주선한 신규임차인이 되려는 자로부터 **권리금을 수수하는 행위**

② 임차인이 주선한 신규임차인이 되려는 자로 하여금 임차인에게 **권리금을 지급하지 못하게 하는 행위**

③ 임차인이 주선한 신규임차인이 되려는 자에게 상가건물에 관한 조세, 공과금, 주변 상가건물의 차임 및 보증금, 그 밖의 부담에 따른 금액에 비추어 **현저히 고액의 차임과 보증금을 요구**하는 행위

④ 그 밖에 정당한 사유 없이 임대인이 임차인이 주선한 신규임차인이 되려는 자와 **임대차계약의 체결을 거절**하는 행위

2) 권리금 회수기회 보호의 예외

① 임대인이 계약갱신을 거절할 수 있는 어느 하나에 해당하는 사유가 있는 경우에는 권리금 회수기회 보호가 적용되지 아니한다.

② 다음 각 호의 어느 하나에 해당하는 경우에는 임대인이 임차인이 주선한 신규임차인이 되려는 자와 임대차계약의 체결을 거절할 수 있다.

> ㉠ 임차인이 주선한 신규임차인이 되려는 자가 **보증금 또는 차임을 지급할 자력이 없는 경우**
> ㉡ 임차인이 주선한 신규임차인이 되려는 자가 임차인으로서의 **의무를 위반할 우려**가 있거나 그 밖에 임대차를 유지하기 어려운 상당한 사유가 있는 경우
> ㉢ 임대차 목적물인 상가건물을 **1년 6개월 이상** 영리목적으로 사용하지 아니한 경우
> ㉣ 임대인이 선택한 신규임차인이 임차인과 권리금 계약을 체결하고 그 **권리금을 지급한 경우**

(3) 손해배상

임대인이 임차인의 권리금 회수기회 보호에 위반하여 임차인에게 손해를 발생하게 한 때에는 그 손해를 배상할 책임이 있다.

① 손해배상액

손해배상액은 **신규임차인이 임차인에게 지급하기로 한 권리금과 임대차 종료 당시의 권리금 중 낮은 금액을 넘지 못한다.**

② 손해배상의 시효

임대인에게 손해배상을 청구할 권리는 임대차가 종료한 날부터 **3년** 이내에 행사하지 아니하면 시효의 완성으로 소멸한다.

③ 정보제공

(4) 표준계약서 등

① 표준권리금계약서의 작성 등

국토교통부장관은 법무부장관과 협의를 거쳐 임차인과 신규임차인이 되려는 자가 권리금 계약을 체결하기 위한 표준권리금계약서를 정하여 그 사용을 권장할 수 있다.

② 권리금 평가기준의 고시

국토교통부장관은 권리금에 대한 감정평가의 절차와 방법 등에 관한 기준을 고시할 수 있다.

③ 차임연체와 해지

임차인의 차임연체액이 **3기의 차임액**에 달하는 때에는 임대인은 계약을 해지할 수 있다.

④ 표준계약서의 작성 등

법무부장관은 국토교통부장관과 협의를 거쳐 보증금, 차임액, 임대차기간, 수선비 분담 등의 내용이 기재된 상가건물임대차표준계약서를 정하여 그 사용을 권장할 수 있다.

▌문제

기출1. 개업공인중개사가 중개의뢰인에게 「상가건물 임대차보호법」의 내용에 관하여 설명한 것으로 옳은 것을 모두 고른 것은?

> ㉠ 대통령령으로 정하는 보증금액을 초과하는 임대차인 경우에도 「상가건물 임대차보호법」상 권리금에 관한 규정이 적용된다.
>
> ㉡ 임차인이 2기의 차임액에 해당하는 금액에 이르도록 차임을 연체한 사실이 있는 경우, 임대인은 임차인의 계약갱신요구를 거절할 수 있다.
>
> ㉢ 임대인의 동의를 받고 전대차계약을 체결한 전차인은 임차인의 계약갱신요구권 행사기간 이내에 임차인을 대위하여 임대인에게 계약갱신요구권을 행사할 수 있다.

① ㉠   ② ㉡   ③ ㉠, ㉢

④ ㉡, ㉢   ⑤ ㉠, ㉡, ㉢

01 개업공인중개사가 중개의뢰인에게 「상가건물 임대차보호법」을 설명한 내용으로 틀린 것은?

① 가등기가 경료된 후에 「상가건물 임대차보호법」상 대항력을 취득한 임차인은 그 가등기에 기하여 본등기를 경료한 자에 대하여 임대차의 효력으로써 대항할 수 있다.

② 사업자등록신청서에 첨부한 임대차계약서상의 임대차목적물 소재지가 당해 상가건물에 대한 등기부상의 표시와 불일치하는 경우에는 대항력이 인정되지 않는다.

③ 건물의 일부분을 임차한 경우 그 사업자등록이 제3자에 대한 관계에서 유효한 임대차의 공시방법이 되기 위해서는 사업자등록신청시 그 임차 부분을 표시한 도면을 첨부하여야 한다.

④ 임대인의 갱신 거절 통지에 「상가건물 임대차보호법」상 정당한 사유가 없는 경우, 임대인의 갱신 거절 통지의 선후와 관계없이 임차인의 계약갱신요구권 행사로 종전 임대차가 갱신된다.

⑤ 임차인이 계약갱신요구권을 행사한 이후 임차인과 임대인이 종전 임대차기간이 만료할 무렵 신규 임대차계약의 형식을 취한 경우에도 그것이 임차인의 계약갱신요구권 행사에 따른 갱신의 실질을 갖는다고 평가되는 한 이를 두고 종전 임대차에 관한 재계약으로 볼 것은 아니다.

02 개업공인중개사가 중개의뢰인에게 「상가건물 임대차보호법」을 설명한 내용으로 옳은 것은?

① 상가 임대차가 갱신된 경우에 증액비율을 초과하여 지급하기로 하는 차임에 관한 약정은 증액비율을 초과하는 범위 내에서 무효이고, 임차인은 초과 지급된 차임에 대하여 부당이득으로 반환을 구할 수 있다.

② 「상가건물 임대차보호법」이 적용되는 상가건물의 공유자인 임대인이 임차인에게 갱신거절의 통지를 하는 것은 공유물의 관리행위에 해당하지 아니한다.

③ 임대차계약과 별도로 이루어진 약정 등에 기하여 발생하는 임차인의 채무에 대하여 임대인이 반환할 임대차보증금에서 당연히 공제할 수 있다.

④ 상가 임대차에서 임차기간이 만료되었음에도 보증금을 반환받지 못한 임차인은 차임을 지불하지 않고 해당 건물을 계속 사용할 수 있다.

⑤ 임대차가 묵시적으로 갱신된 경우, 그 존속기간은 임대인이 그 사실을 안 때로부터 1년으로 본다.

03 개업공인중개사 甲의 중개로 乙은 丙 소유의 서울특별시 소재 X상가건물에 대하여 보증금 10억원에 1년 기간으로 丙과 임대차계약을 체결하였다. 乙은 X건물을 인도받아 2022. 3. 10. 사업자등록을 신청하였으며 2022. 3. 13. 임대차계약서상의 확정일자를 받았다. 이 사례에서 상가건물 임대차보호법령의 적용에 관한 甲의 설명으로 틀린 것은?

① 乙은 2022. 3. 11. 대항력을 취득한다.

② 乙은 2022. 3. 13. 보증금에 대한 우선변제권을 취득한다.

③ 丙은 乙이 임대차기간 만료되기 6개월 전부터 1개월 전까지 사이에 계약갱신을 요구할 경우, 정당한 사유 없이 거절하지 못한다.

④ 乙의 계약갱신요구권은 최초의 임대차기간을 포함한 전체 임대차기간이 10년을 초과하지 아니하는 범위에서만 행사할 수 있다.

⑤ 乙의 계약갱신요구권에 의하여 갱신되는 임대차는 전 임대차와 동일한 조건으로 다시 계약된 것으로 본다.

04 개업공인중개사가 중개의뢰인에게 「상가건물 임대차보호법」을 설명한 내용으로 틀린 것은?

① 임차인이 임대인의 동의 없이 목적건물의 일부를 전대한 경우 임대인은 임차인의 계약갱신의 요구를 거절할 수 있다.

② 상가건물임차인이 3기의 차임액에 해당하는 금액에 달하도록 차임을 연체한 사실이 있는 경우, 임대인은 임차인의 계약갱신요구를 거절할 수 있다.

③ 상가임대차보호법의 보호대상을 초과하는 보증금액에 대하여도 임대인은 임대차기간이 끝나기 6개월 전부터 임대차 종료시까지 권리금 계약에 따라 임차인이 주선한 신규임차인이 되려는 자로부터 권리금을 지급받는 것을 정당한 사유없이 방해하여서는 아니 된다.

④ 상가임대차보호법의 보호대상을 초과하는 보증금액에 대하여도 갱신되는 임대차는 전임대차와 동일한 조건으로 다시 계약된 것으로 본다. 다만, 차임과 보증금은 5/100금액의 범위에서 증액을 청구할 수 있다.

⑤ 상가임대차보호법의 보호대상을 초과하는 보증금액에 대하여도 임대인은 임차인이 임대차기간이 만료되기 6개월 전부터 1개월 전까지 사이에 계약갱신을 요구할 경우 정당한 사유 없이 거절하지 못한다.

05 개업공인중개사가 중개의뢰인에게 「상가건물 임대차보호법」을 설명한 내용으로 틀린 것은?

① 임대인은 임차인이 주선한 신규임차인이 되려는 자로 하여금 임차인에게 권리금을 지급하지 못하게 하는 행위를 하여서는 안된다.

② 임차인의 차임연체액이 3기의 차임액에 달하는 때에는 임대인은 계약을 해지할 수 있다.

③ 임대인은 임차인이 주선한 신규임차인이 되려는 자가 보증금 또는 차임을 지급할 자력이 없는 경우는 신규임차인과의 임대차계약체결을 거부할 수 있다.

④ 임대인이 임차인의 권리금 회수기회보호에 위반한 경우의 손해배상액은 신규임차인이 임차인에게 지급하기로 한 권리금과 임대차 종료 당시의 권리금 중 높은 금액을 넘지 못한다.

⑤ 임대인에게 손해배상을 청구할 권리는 임대차가 종료한 날부터 3년 이내에 행사하지 아니하면 시효의 완성으로 소멸한다.

테마 39. 매수신청대리인 등록규칙(1문제)

1. 매수신청대리권의 범위

① 매수신청 보증의 제공

② 입찰표의 작성 및 제출

③ 차순위매수신고

④ 매수신청의 보증을 돌려 줄 것을 신청하는 행위

⑤ 공유자의 우선매수신고

⑥ 「임대주택법」에 따른 임차인의 임대주택 우선매수신고

⑦ 공유자 또는 임대주택 임차인의 우선매수신고에 따라 차순위매수신고인으로 보게 되는 경우 그 차순위매수신고인의 지위를 포기하는 행위

2. 매수신청대리 대상물

① 토지

② 건물 그 밖의 토지의 정착물

③ 「입목에 관한 법률」에 따른 입목

④ 「공장 및 광업재단 저당법」에 따른 광업재단 및 공장재단

4. 대리행위의 방식

(1) 대리행위의 방식

개업공인중개사는 대리행위를 함에 있어서 매각장소 또는 집행법원에 직접 출석하여야 한다. **개업공인중개사는 대리행위를 하는 경우 각 대리행위마다 대리권을 증명하는 문서를 제출하여야 한다.** 다만 같은 날 같은 장소에서 대리행위를 동시에 하는 경우에는 하나의 서면으로 갈음할 수 있다.

(2) 제출서류

대리권을 증명하는 문서라 함은 본인의 인감증명서가 첨부된 위임장과 대리인등록증 사본을 말한다. 중개법인의 경우에는 위임장과 대리인등록증 사본 이외에 대표자의 자격을 증명하는 문서를 제출하여야 한다.

대리권을 증명하는 문서는 매사건마다 제출하여야 한다. 다만, 개별매각의 경우에는 매 물건번호마다 제출하여야 한다.

3. 매수신청대리인 등록

근거법령		공인중개사법령	매수신청대리인 등록규칙
과 정		자격취득 ⇨ 실무교육 ⇨ 개설등록 ⇨ 실무교육 ⇨ 대리인등록	
등 록	등록관청	시 · 군 · 구청장	지방법원장
	등록신청자	공인중개사 법인	공인중개사인 개업공인중개사 법인인 개업공인중개사
	등록기준	업무보증설정 ×	업무보증설정 ○
	등록신청시	보증설정증명서면 ×	보증설정증명서면 ○
	등록통보	7일 이내	14일 이내
실무 교육	실시권자	시 · 도지사	법원행정처장 지정하는 기관
	대상자	개업공인중개사, 법인의 사원 · 임원, (분)책임자가 되고자 하 는 자, 소속 공인중개사	공인중개사인 개업공인중개사 법인인 개업공인중개사(대표자만)
	교육시간	28시간 이상 32시간 이하	32시간 이상 44시간 이하
	위 탁	학교, 협회, 공기업 또는 준정부 기관	학교, 협회
확인 설명	설명사항	경제적 가치 ×	경제적 가치 ○
	설명서 보관	3년	5년
협 회	감독권자	국토부장관	법원행정처장
	시 · 도지부	국토부장관	지방법원장
업무 정지	기 간	6월 이하	1월 이상 2년 이하
	출입문 표시	표시 ×	표시 ○
보수의 지급시기		약정 약정이 없는 경우는 거래대금 지급이 완료된 날	약정 약정이 없는 경우는 매각대금 지급기한일

▌문제

기출1. 「공인중개사의 매수신청대리인 등록 등에 관한 규칙」에 따른 개업공인중개사의 매수신청대리에 관한 설명으로 옳은 것은? (다툼이 있으면 판례에 따름)

① 미등기건물은 매수신청대리의 대상물이 될 수 없다.

② 공유자의 우선매수신고에 따라 차순위매수신고인으로 보게 되는 경우 그 차순위 매수신고인의 지위를 포기하는 행위는 매수신청대리권의 범위에 속하지 않는다.

③ 소속공인중개사도 매수신청대리인으로 등록할 수 있다.

④ 매수신청대리인이 되려면 관할 지방자치단체의 장에게 매수신청대리인 등록을 하여야 한다.

⑤ 개업공인중개사는 매수신청대리행위를 함에 있어서 매각장소 또는 집행법원에 직접 출석하여야 한다.

01 매수신청대리인으로 등록한 개업공인중개사 甲이 매수신청대리 위임인 乙에게 「공인중개사의 매수신청대리인 등록 등에 관한 규칙」에 관하여 설명한 내용으로 틀린 것은? (단, 위임에 관하여 특별한 정함이 없음)

① 甲의 매수신고액이 차순위이고 최고가매수신고액에서 그 보증액을 뺀 금액을 넘는 때에만 甲은 차순위매수신고를 할 수 있다.

② 甲은 乙을 대리하여 입찰표를 작성·제출할 수 있다.

③ 甲의 입찰로 乙이 최고가매수신고인이나 차순위매수신고인이 되지 않은 경우, 甲은 「민사집행법」에 따라 매수신청의 보증을 돌려 줄 것을 신청할 수 있다.

④ 乙의 甲에 대한 보수의 지급시기는 당사자 간 약정이 없으면 매각허가결정일로 한다.

⑤ 甲은 기일입찰의 방법에 의한 매각기일에 매수신청대리행위를 할 때 집행법원이 정한 매각장소 또는 집행법원에 직접 출석해야 한다.

02 공인중개사의 매수신청대리인등록 등에 관한 규칙 및 예규의 매수신청대리인 등록에 관한 설명 중 옳은 것은?

① 매수신청대리인은 매각기일변경신청하는 행위를 할 수 있다.

② 매수신청대리인은 「민사집행법」에 따른 차순위매수신고하는 행위를 할 수 있다.

③ 법원에 매수신청대리인으로 등록된 개업공인중개사가 매수신청 대리의 위임을 받은 경우 인도명령신청의 대리를 할 수 있다.

④ 이 규칙상의 업무정지기간은 6월 이하로 한다.

⑤ 매수신청대리인으로 등록한 개업공인중개사는 업무를 개시하기 전에 위임인에 대한 손해배상책임을 보장하기 위하여 보증보험 또는 협회의 공제에 가입하거나 공탁을 하여야 한다.

03 공인중개사의 매수신청대리인등록 등에 관한 규칙 및 예규의 매수신청대리인 등록에 관한 설명 중 틀린 것은?

① 법인인 개업공인중개사가 매수신청대리인 등록을 하고자 하는 경우에는 법인의 대표자가 등록신청일전 1년 내에 법원행정처장이 지정하는 교육기관에서 부동산경매에 관한 실무교육을 이수하여야 한다.

② 지방법원장은 매수신청대리업무에 관하여 관할 안에 있는 협회의 시 · 도지부와 매수신청대리인 등록을 한 개업공인중개사를 감독한다.

③ 매수신청대리인 등록을 한 개업공인중개사는 대상물의 경제적 가치에 대하여도 위임인에게 확인설명하여야 한다.

④ 매수신청대리인은 매수신청대리인 등록증을 자신의 중개사무소 안의 보기 쉬운 곳에 게시해야 한다.

⑤ 매수신청대리인이 중개업을 휴업한 경우 관할 지방법원장은 매수신청대리인의 매수신청대리인 등록을 취소해야 한다.

04 공인중개사의 매수신청대리인등록 등에 관한 규칙 및 예규의 매수신청대리인 등록에 관한 설명 중 틀린 것은?

① 폐업신고를 하여 매수신청대리인 등록이 취소된 후 3년이 지나지 않은 자는 매수신청대리인 등록을 할 수 없다.

② 중개사무소 개설등록이 취소되어 매수신청대리인 등록이 취소된 자는 3년간 결격사유에 해당된다.

③ 매수신청대리인으로 등록된 개업공인중개사가 보수를 받은 경우 예규에서 정한 양식의 영수증을 작성하여 서명날인한 후 위임인에게 교부해야 한다.

④ 보수의 지급시기에 관하여 매수신청대리인과 중개의뢰인의 약정이 없을 때에는 매각대금의 지급기한일로 한다.

⑤ 개업공인중개사는 매수신청대리에 관한 수수료표와 수수료에 대하여 위임인에게 위임계약 전에 설명해야 한다.

테마 40. 경매 · 공매(1문제)

1. 경매절차

(1) **배당요구의 종기결정 및 공고** - 배당요구의 종기는 첫매각기일전

　① 배당요구를 해야만 배당을 받을 수 있는 채권자 - 등기부에 나타나지 않는 채권자

　② 배당요구를 하지 않아도 배당을 받을 수 있는 채권자 - 등기부상 권리자

(2) **매각방법** - 호가, 기일, 기간입찰

(3) **입찰보증금** - **최저매각가격의 10%**

(4) **항고제도** - 매각허부에 항고하고자 하는 사람은 **매각대금의 10%**의 보증금 제출

　① 소유자나 채무자의 항고기각 - 항고보증금 미반환

　② 소유자나 채무자 외(낙찰자 등)의 항고기각 - 이자를 공제하고 반환

(5) **매각대금 납부** - 즉시 소유권취득

(6) **인도명령신청** - 매각대금 완납 후 6월 이내에 신청

(7) **신매각** - ① 유찰 - 저감률 적용 20-30%

　　　　　　　② 불허가 - 저감률 미적용, 입찰보증금 반환

(8) **재매각** - 매각대금 미납 - 입찰보증금 미반환, 저감률 미적용

(9) **차순위 매수신고** - 최고 매수신고가격에서 입찰보증금을 뺀 금액을 넘는 가격으로 입찰한 사람에 대하여 차순위매수신고를 할 수 있다.

(10) **공유자 우선매수신고제도** - 공유자는 최고매수신고가격과 동일한 가격으로 공유지분을 우선매수하겠다는 신고를 할 수 있는데 이를 공유자 우선매수신고제도라고 한다.

3. 권리분석

⑴ 기준권리

최선순위 (근)저당권, 담보가등기, 압류, 가압류, 배당요구를 한 건물전체에 대한 전세권 등

▌소멸되는 권리와 인수되는 권리

항상 소멸되는 권리		저당권, 근저당권, 압류, 가압류, 담보가등기, **전세권(배당○)**, 경매개시결정등기 등
항상 인수되는 권리		유치권, 법정지상권, 분묘기지권 등
(시간)소멸 · 인수되는 권리	기준권리에 대항 ○ ⇨ 인수	지상권, 지역권, **전세권**, 본래의 가등기, 가처분, 등기된 임차권 등
	기준권리에 대항 × ⇨ 소멸	

⑵ 배당순서

① 원 칙
  ㉠ 물권은 채권에 우선한다.
  ㉡ 특별법은 일반법에 우선한다.
  ㉢ 물권 상호간에는 먼저 성립된 물권이 우선한다.
  ㉣ 채권 상호간에는 평등하다(채권자 평등의 원칙)

② 순 서
  제1순위 - 주택임차권의 소액보증금 중 일정액, 최종 3월분의 임금채권, 최종 3년간의 퇴직금, 재해보상금
  제2순위 - 당해세, 경매물에 부과된 국세(상속세, 증여세 등), 지방세(등록세, 취득세 등)와 그 가산금
  제3순위 - 제2순위 이외의 국세 및 지방세, 확정일자를 받은 임차보증금, 담보물권(저당권, 근저당권, 전세권, 담보가등기), 등기된 임차권
  제4순위 - 최종 3월분의 임금채권 또는 최종 3년간의 퇴직금을 제외한 근로관계채권
  제5순위 - 법정기일이 담보물권보다 늦은 국세, 지방세 등
  제6순위 - 의료보험료, 산업재해보상보험료, 국민연금 등
  제7순위 - 일반채권

문제

기출1. 매수신청대리인으로 등록한 개업공인중개사가 X부동산에 대한 「민사집행법」상 경매절차에서 매수신청대리의 위임인에게 설명한 내용으로 틀린 것은? (다툼이 있으면 판례에 따름)

① 최선순위의 전세권자는 배당요구 없이도 우선변제를 받을 수 있으며, 이때 전세권은 매각으로 소멸한다.

② X부동산에 대한 경매개시결정의 기입등기 전에 유치권을 취득한 자는 경매절차의 매수인에게 자기의 유치권으로 대항할 수 있다.

③ 최선순위의 지상권은 경매절차의 매수인이 인수한다.

④ 후순위 저당권자의 신청에 의한 경매라 하여도 선순위 저당권자의 저당권은 매각으로 소멸한다.

⑤ 집행법원은 배당요구의 종기를 첫 매각기일 이전으로 정한다.

01 매수신청대리인으로 등록한 개업공인중개사가 매수신청대리 위임인에게 「민사집행법」의 내용에 관하여 설명한 것으로 틀린 것은? (다툼이 있으면 판례에 따름)

① 후순위 저당권자가 경매신청을 하면 매각부동산 위의 모든 저당권은 매각으로 소멸된다.

② 전세권 및 등기된 임차권은 저당권·압류채권·가압류채권에 대항할 수 없는 경우에는 매각으로 소멸된다.

③ 유치권자는 유치권이 성립된 목적물을 경매로 매수한 자에 대하여 그 피담보채권의 변제를 청구할 수 있다.

④ 최선순위 전세권은 그 전세권자가 배당요구를 하면 매각으로 소멸된다.

⑤ 매수인은 매각대금을 다 낸 때에 매각의 목적인 권리를 취득한다.

02 개업공인중개사가 법원의 부동산경매에 관하여 의뢰인에게 설명한 내용으로 옳은 것은?

① 채무자 및 소유자외의 사람이 한 항고가 기각된 때에는 항고 보증금을 돌려 줄 것을 요구하지 못한다.

② 매각결정기일은 매각기일로부터 1주 이내의 날로 정한다.

③ 최고가 매수신고인에 대한 매각이 불허가된 경우에 최고가 매수신고인은 입찰보증금을 돌려줄 것을 요구할 수 없다.

④ 최고가매수신고를 한 사람이 2명인 때에는 법원은 그 2명뿐만 아니라 모든 사람에게 다시 입찰하게 하여야 한다.

⑤ 매수인은 매각대금을 다 낸 후 소유권이전등기를 촉탁한 때 매각의 목적인 권리를 취득한다.

03 개업공인중개사가 법원의 부동산경매에 관하여 의뢰인에게 설명한 내용으로 틀린 것은?

① 차순위매수신고는 그 신고액이 최고가매수신고액에서 그 보증액을 뺀 금액을 넘는 때에만 할 수 있다.

② 공유자는 최고매수신고가격과 동일한 가격으로 공유지분을 우선매수하겠다는 신고를 할 수 있다.

③ 매수신고가 있은 뒤 경매신청을 취하하는 경우에는 최고가 매수신고인 또는 매수인과 차순위매수신고인의 동의를 받아야 그 효력이 생긴다.

④ 압류채권자에 우선하는 권리는 저당권 등 매각으로 소멸하는 권리에 대항하지 못하더라도 매각으로 소멸되지 않는다.

⑤ 담보가등기가 최고 선순위 담보물권보다 앞서 설정되었다고 하더라도 낙찰이 되면 소멸된다.

04 개업공인중개사가 법원의 부동산경매에 관하여 의뢰인에게 설명한 내용으로 틀린 것은?

① 매각 부동산 위의 모든 저당권은 매각으로 소멸된다.

② 지상권·지역권·전세권 및 등기된 임차권은 저당권·압류채권·가압류채권에 대항할 수 없는 경우에는 매각으로 소멸된다.

③ 지상권·지역권·전세권 및 등기된 임차권은 저당권·압류채권·가압류채권에 대항할 수 있는 경우에는 매수인이 인수한다.

④ 담보목적이 아닌 최선순위 소유권이전등기청구권보전의 가등기는 매각으로 소멸하지 않는다.

⑤ 최선순위의 전세권으로서 가압류채권에 대항할 수 있는 경우 전세권자가 배당요구를 하더라도 전세권은 매수인이 인수한다.

05 매수신청대리인으로 등록한 개업공인중개사가 매수신청대리 위임인에게 민사집행법에 따른 부동산경매에 관하여 설명한 내용으로 틀린 것은?

① 매수인은 매각 대상 부동산에 경매개시결정의 기입등기가 마쳐진 후 유치권을 취득한 자에게 그 유치권으로 담보하는 채권을 변제할 책임이 있다.

② 차순위매수신고는 그 신고액이 최고가매수신고액에서 그 보증액을 뺀 금액을 넘는 때에만 할 수 있다.

③ 매수인은 매각대금을 다 낸 때에 매각의 목적인 권리를 취득한다.

④ 재매각절차에서는 전(前)의 매수인도 매수신청을 할 수 있으며 매수신청의 보증을 돌려 줄 것을 요구하지 못한다.

⑤ 후순위 저당권자가 경매신청을 하였더라도 매각부동산 위의 모든 저당권은 매각으로 소멸된다.

정답

정답

테마1	문제	기출1	1	2	3	4			
	정답	⑤	④	①	①	②			

테마2	문제	기출1	1	2	3				
	정답	①	⑤	④	①				

테마3	문제	기출1	1	2	3	4			
	정답	②	③	④	③	①			

테마4	문제	기출1	1	2	3				
	정답	①	②	⑤	③				

테마5	문제	기출1	기출2	1	2	3	4	5	6	7
	정답	②	①	⑤	④	③	①	④	②	④

테마6	문제	기출1	1	2	3	4			
	정답	②	④	⑤	②	④			

테마7	문제	기출1	기출2	1	2	3	4	5	6
	정답	④	⑤	②	①	④	⑤	①	②

테마8	문제	기출1	기출2	기출3	1	2	3	4	5	6
	정답	⑤	④	①	③	②	③	①	⑤	④

테마9	문제	기출1	1	2	3				
	정답	③	②	②	④				

테마10	문제	기출1	1	2	3				
	정답	③	③	②	③				

테마11	문제	기출1	1	2	3				
	정답	⑤	①	②	②				

테마12	문제	기출1	1	2	3				
	정답	②	③	④	③				

테마13	문제	기출1	기출2	1	2	3	4	5	6	7
	정답	②	③	⑤	③	②	⑤	⑤	⑤	⑤

테마14	문제	기출1	1	2	3	4			
	정답	④	①	④	②	⑤			

테마15	문제	기출1	1	2	3	4
	정답	②	②	④	④	③

테마16	문제	기출1	1	2	3
	정답	②	②	④	②

테마17	문제	기출1	기출2	1	2	3	4
	정답	④	④	①	①	④	②

테마18	문제	기출1	1	2	3
	정답	②	④	④	③

테마19	문제	기출1	1	2	3	4	5	6	7
	정답	②	②	①	⑤	④	⑤	⑤	④

테마20	문제	기출1	1	2	3
	정답	③	④	②	⑤

테마21	문제	기출1	기출2	1	2	3	4	5	6	7	8	9
	정답	④	①	①	③	④	②	④	③	①	③	③

테마22	문제	기출1	기출2	기출3	1	2	3	4
	정답	①	①	④	⑤	④	③	②

기출1	기출2	1	2	3	4	5	6
④	⑤	②	⑤	①	③	①	④

테마23	문제	기출1	1	2	3	4
	정답	⑤	⑤	④	⑤	④

테마24	문제	기출1	1	2	3	4	5	6
	정답	②	④	②	⑤	④	③	③

테마25	문제	1
	정답	③

테마26	문제	기출1	1	2	3
	정답	②	④	④	④

테마27	문제	기출1	1	2	3	4
	정답	①	⑤	①	⑤	①

테마28	문제	기출1	기출2	기출3	1	2	3	4	5
	정답	③	④	④	④	⑤	③	④	②

	6	7	8	9	10	11	12	13	14	15
	④	④	⑤	②	④	④	④	⑤	⑤	⑤

테마29	문제	기출1	1	2	3
	정답	③	③	①	①

테마30	문제	기출1	기출2	기출3	1	2	3	4	5
	정답	②	①	③	④	⑤	①	③	⑤

	6	7	8	9
	④	③	①	③

테마31	문제	기출1	1	2
	정답	①	①	⑤

테마32	문제	기출1	기출2	1	2	3
	정답	③	③	④	④	①

테마33	문제	기출1	1	2	3	4
	정답	①	①	④	③	⑤

테마34	문제	기출1	1	2	3	4	5	6	7	8	9	10
	정답	⑤	③	③	③	①	①	③	③	③	③	⑤

테마35	문제	기출1	1	2	3
	정답	②	②	④	③

테마36	문제	기출1	1	2	3	4
	정답	④	①	④	③	①

테마37	문제	기출1	1	2	3	4	5	6
	정답	④	③	③	⑤	②	②	①

테마38	문제	기출1	1	2	3	4	5
	정답	③	①	①	②	④	④

테마39	문제	기출1	1	2	3	4
	정답	⑤	④	②	⑤	①

테마40	문제	기출1	1	2	3	4	5
	정답	①	③	②	④	⑤	④

MEMO

제35회 공인중개사 시험대비 **전면개정판**

2024 박문각 공인중개사
신정환 파이널 패스 100선 **2차** 공인중개사법·중개실무

초판인쇄 | 2024. 8. 1.　**초판발행** | 2024. 8. 5.　**편저** | 신정환 편저

발행인 | 박 용　**발행처** | (주)박문각출판　**등록** | 2015년 4월 29일 제2019-000137호

주소 | 06654 서울시 서초구 효령로 283 서경빌딩 4층　**팩스** | (02)584-2927

전화 | 교재 주문 (02)6466-7202, 동영상문의 (02)6466-7201

저자와의
협의하에
인지생략

정가 20,000원

ISBN 979-11-7262-172-8